Job Bless You
잡 블레스 유

잡 블레스 유 Job Bless You

초판 1쇄 발행 | 2022년 3월 25일

지은이 | 서창호
펴낸이 | 박상두
편집 | 한윤형, 이현숙
디자인 | 진혜리
제작 | 박홍준
마케팅 | 박현지

펴낸곳 | 두앤북
주소 | 13587 경기도 성남시 분당구 불정로 376번길 7, 401호
등록 | 제2018-000033호
전화 | 031-480-3660
팩스 | 02-6488-9898
이메일 | whatiwant100@naver.com

값 | 15,000원
ISBN | 979-11-90255-15-8 03320

JOB BLESS YOU

잡 블레스 유

서창호 지음

두앤북

'기본'을 채용합니다

저는 우리나라에서 정규직 채용을 가장 많이 하고 있다고 자부하는 외국계 기업 전문 헤드헌팅사의 대표입니다. 한 해에 평균 200여 명의 정규직 채용을 도와드리고 있습니다. 헤드헌터로 일한 것은 13년 정도 되었고, 직접 헤드헌팅사를 창업한 지는 10년, 대학 강의는 5~6년가량 되었습니다.

'잡파더'라는 유튜브채널도 운영하고 있습니다. 그동안 취업준비생과 직장인, 기업의 담당자들을 만나오면서 체득한 채용과 이직, 그리고 헤드헌팅에 관한 경험들을 사람들과 공유하려고 유튜브를 시작했습니다. ㈜에센태스크코리아의 대표가 아니라 유튜버 '잡파더'로서 더 많은 분들을 만나기 위해 용기를 내어 카메라 앞에 선 지도 2년여의 시간이 흘렀습니다.

이 책 역시 '더 많은 사람에게 저의 경험을 전달하고 싶다'는 제 마음의 산물입니다. 취업에 어려움을 겪고 있는 취업준비생들과 이직을 고민하는 직장인들, 또 헤드헌팅을 하고 있는 헤드헌터들께 도움이 되길 바라는 마음에서 저의 헤드헌팅 경력을 바탕으로 진행했던 방송들을 책으로 만들었습니다.

제가 운영하는 유튜브채널은 아직 충분히 성장하지 않았고, 종종 "실질적인 얘기는 안 해주고 맨날 마음가짐 타령만 한다"는 댓글이 달리기도 합니다. 그런데 사람들이 흔히 말하는 '실질적인 얘기'가 근본적으로는 사술(邪術)이나 잔재주인 경우가 허다합니다. 그에 비해 마음가짐은 '기본'에 해당합니다. 사실 저는 마음가짐만 이야기하지 않습니다. 하지만 마음가짐 없이는 실천할 수 없는 것들을 이야기합니다. 이것은 피해갈 수 없는 부분입니다.

'수학에는 왕도(王道)가 없다'는 말을 들어보셨을 겁니다. 여기서 '왕도'란 왕만이 걸어갈 수 있는 길을 의미합니다. 고대의 기하학자 유클리드가 알렉산드로스대왕의 계승자 중 한 사람이었던 이집트의 프톨레마이오스 1세에게 했던 말에서 유래했다고 하지요. 프톨레마이오스 1세는 학문을 사랑하는 호학군주(好學君主)로 유명했던 사람인데, 그에게도 유클리드가 가르치는 기하학은 어려웠던가 봅니다. 그래서 유클리드에게 "기하학은 정말 어렵구나. 좀 쉽고 빠르게 배우는 방법이 없을까?"라고 말했는데, 유클리드가 "대왕이시여, 기하학에는 왕도가 따로 없습니다!"라고 답했다고 합니다.

제가 존경하는 분이 있습니다. 행복한아이연구소 소장이면서 청소년들의 정신건강 상담사로 활동하시는 서천석 의사님입니다. 저는 이 분이 부모들에게 했던 수많은 조언들 가운데 "좋은 부모가 되고 싶다면 실제로 좋은 사람이 되어야 한다"는 말을 참 좋아합니다. 책을 좋아하는 자녀로 키우고 싶다면 책을 좋아하는 부모의 모습을 보여주는 것이 가장 좋은 방법이겠지요. 책을 좋아하지도 않으면서 좋아하는 척, 읽는 척해서는 자녀들이 그 모습을 따라 책을 좋아하게 만들 수는 없을 것입니다.

이와 마찬가지로 '채용하고 싶은 사람이 되려면 회사에 좋은 사람이 되어야 한다'는 말도 성립할 수 있습니다. 회사에 좋은 사람이란 회사 이윤의 관점에서 생각할 수 있는 사람, 함께 일하는 사람들과 원만히 협력할 수 있는 사람입니다. 그런 좋은 사람이라면 굳이 다른 방법을 쓰지 않아도 누구나 채용하려 들 것입니다. 반대로 좋은 사람이기보다 윗사람에게 아부하거나 조직의 부조리에 눈 감을 줄 아는 사람을 채용하는 기업은 좋은 기업도 아닐 것이고 결국 오래가지도 못할 것입니다.

평소에 제가 마음가짐에서 우러나오는 기본을 특별히 강조하는 이유는 소위 '학벌'로 대표되는 '스펙'이 다소 떨어지는 청년들을 생각하기 때문입니다. 스펙이 괜찮은 친구들은 제가 말하는 기본에 대해 이해하고 있는 경우가 많습니다. 그들에게 필요한 조언은 기술이나 해법 같은 다른 종류의 것이겠지요. 저는 스펙이 그리 좋지 않은 이들도 나름의 역량을 쌓아가면서 살면 언젠가 그 역량을 발휘할 공간을 만나 삶이 만개할 수 있다는 신념을 갖고 있습니다. 그래서 되도록 많은 사람들에게 저의 경험과 노하우를 전파하려고 하는 것입니다.

우리 사회에 만연한 편견과 달리 객관적 스펙이나 능력이 조금 부족해도 진심이 있고 기본을 갖추고 있으면 채용하는 회사들이 있습니다. '좋은 회사'입니다. 저는 그러한 고객사들과 파트너로 일한 경험이 많습니다. 물론 학벌을 따지는 기업도 적지 않습니다. 그들에게도 이유가 있는데, 학벌이 좋은 친구들이 기본을 잘 장착하고 있는 경우가 많기 때문입니다. 하지만 기업들의 목적은 좋은 인재를 채용하려는 것이지 학벌 좋은 후배를 채용하려는 것이 아니기 때문에 저와 같은 헤드헌터가 '이 친구는 이런 부분 저런 부분에서 확실하므로 학벌만 보지 마시고 채용해주십시오'라는 식으로 제안하면 기꺼이 받아들이곤 합니다. 이렇게 제안을 잘 받아들인 기업은 시간이 가면서 일류 기업으로 성장해갑니다.

그러니 '스펙이 부족하다', '학벌이 딸린다'며 위축되거나 좌절하지 말고 이 책의 조언들, '기본을 확립하는 생각과 방법'에 집중해보면 어떨까요? 그렇게 하면 나의 첫 회사를 만나기까지의 과정이 더 수월해질 것이라 확신합니다.

이직을 고려하거나 퇴사를 고민하는 분들에게 도움이 될 만한 내용도 충실히 담았습니다. 앞으로 우리 사회는 '첫 직장의 등급'이 신분처럼 작용하는 사회에서 벗어나 경력직 채용을 통한 승강구조가 보편적인 사회로 변해갈 것입니다. 사실 그게 더 공정한 사회라 할 수 있겠지요. 그렇게 변화하는 과정에서 자신의 역량을 쌓아가는 방법을 아는 젊은이들이 능력을 발휘하고 정당한 평가를 받게 될 것입니다.

저는 헤드헌터의 한 사람으로, 그리고 헤드헌팅사의 대표로 우리 사회가 보다 발전적이고 공정하게 바뀌는 길에 헤드헌팅이 소중한 역할을 했으면 좋겠다는 바람이 간절합니다. 그래서 헤드헌터들을 위한 조언도 책에 담았습니다. 이 책이 우리나라의 헤드헌팅산업과 헤드헌터들의 미래에 작은 기여라도 할 수 있다면 큰 영광으로 여기겠습니다.

좋은 글과 콘텐츠로 늘 여러분과 함께하겠습니다.

'잡파더' 서창호

차례

2장 —— 서류전형, 어떻게 할 것인가?

3장 —— 면접 깡패의 비밀

4장 — 이직은 언제, 어떻게 하는 것이 좋을까?

1장

취업, 왜 그리 어려울까?

당신이 아직도 취준생인 이유

취업이 쉽지 않다. 안 그래도 팍팍한 취업시장이 코로나19 팬데믹으로 한층 더 꽁꽁 얼어붙었다. 한편으로는 취업준비생(취준생)들이 묘한 위안을 얻거나 정신적으로 승리할 수 있는 환경이 되어버린 것도 사실이다. '나만 그런 게 아니야. 남들도 못하고 있어. 취업이 안 되는 이유는 내 탓이 아니야'라고 자위하며 지원하는 곳마다 번번이 탈락해도 세상 탓을 할 수 있는 환경이다.

취업에 쉽고 어려운 시기가 있는 건 상당 부분 나의 노력과 무관한 세상의 문제다. 그렇지만 세상의 문제로 치부하고 끝내버리면 언제까지나 서류를 내고 탈락하는 패턴을 반복할 뿐이다. 일이 되게 하려면 요행이나 운에 맡길 게 아니라 문제를 파악하여 어떻게든 해결하거나 개선하기 위해 노력해야 한다.

헤드헌팅 일을 하다 보니 정말 많은 취준생들이 상담을 요청해온다. 그런데 상담하다 보면 속으로 '당신은 안 될 만하다. 나 같아도 당신을 뽑기 싫겠다'와 같은 생각이 들게 하는 이들이 상당수 있다. 말하자면 서류전형이든 면접전형이든 번번이 '광탈(광속 탈락)'하는 이들에겐 그럴 만한 이유가 있다는 얘기다.

그중에서도 취준생들에게 가장 전형적으로 나타나는 문제가 2가지 정도 있다. 준비 상태 내지 마음가짐의 문제로 볼 수 있는데, 본인에게도 해당되는 문제라 생각되면 반드시 시정해야 한다. 거두절미하고 당신이 아직도 취준생인 이유는 뭘까?

회사가 어떤 곳인지 제대로 알아보지 않는다

가장 큰 문제는 취준생들이 제대로 알아보지도 않고 일단 지원하고 본다는 것이다. 본인이 지원하는 업무가 뭔지도 제대로 모르고, 심지어 지원하는 회사가 뭐 하는 곳인지도 모르고 지원하는 경우가 의외로 많다.

회사는 학교와 근본적으로 다르다. 학교는 똘똘하고 유능한 사람을 발굴해서 더 똘똘하고 유능하게 만들어낸다. 하지만 회사는 회사에 필요한 사람을 쓰는 곳이다. 그 사람의 자질이 사회 전체에서 어느 정도 수준에 있는지는 사람을 선발하는 회사의 관심 대상이 아니다. 그가 남들보다 어떤 지점에서 잘났다는 사실이 중요한 게 아니라 회사 업무에 적합한지 여부가 판단의 기준이 된다.

취준생들 중에서 가고 싶은 회사나 업계에 종사하는 이에게 연락해서 자신이 하고 싶은 업무에 대해 물어보거나 만나본 이들이 얼마나 있을까? 아마도 별로 없을 것이다. 요즘에는 세상이 좋아져 SNS 등을 통해서도 충분히 알아볼 수 있는데도 그렇게 하지 않는다.

본인이 지원하는 회사에 실제로 어떤 사람들이 재직하고 있는지를 알아보고, 그들이 구체적으로 무슨 업무를 하는지 확인해봐야 한다. 회사의 채용은 전국 단위의 시험이 아니기 때문에 구체적인 정보를 얻게 되면 준비하는 데 큰 도움이 될 수 있다. 혼자서 그런 부분들을 알아보는 게 막막하다면 도움을 요청하면 된다. 바로 필자와 같은 헤드헌터들이다. 채용 관련 전문가들에게 요청해서라도 구체적인 정보를 파악해야 한다.

취업은 개인의 인생에서 참으로 중요한 일이다. 그래서 다들 취업문제에 매달리고 취업을 위해 열심히 준비한다. 하지만 헤드헌터로서 취준생들을 경험해본 바에 따르면, 정작 알아야 할 정보를 알고 있는 사람은 별로 없다. 알아야 할 것을 알지도 못하면서 그것을 알기 위해 적극적으로 뛰어들지도 않는다. 스펙을 쌓거나 공채시험을 준비하는 등 기본적인 행동을 관성적으로 할 뿐이다. 물론 그것만 열심히 해도 하루는 잘 가고 얼마든지 힘들게 느낄 수 있겠지만, 그렇게만 해서는 전국에 포진한 수백만 명의 취준생과 다를 바가 없다. 정말로 하고 싶은 일이 있고 그곳에 입사하고 싶다면 물불 가리지 말고 적극 뛰어들어 정보를 캐내야 한다.

쓸데없는 것들을 먼저 알아본다

취준생들을 보면 입사를 희망한다면서 그 회사나 업무의 핵심과 본질은 알아보려 하지 않고 회사에 대한 가십거리 같은 정보들만 꿰고 있는 경우가 많다. 가령 연봉이 얼마인지, 복지는 어떻게 되는지, 워라밸('일과 삶의 균형'이라는 의미인 'work-life balance'의 준말)은 되는 직장인가만 알아보려고 한다.

취업을 원하는 이들에게 연봉과 복지, 워라밸 등은 취업한 이후 본인의 삶을 기획하는 데 중요한 요소임에 틀림없다. 헤드헌터 입장에서 취준생들이 그런 부분들을 궁금해하는 것도 인지상정이라는 생각이 든다. 하지만 누군가를 채용하려는 회사의 입장에서도 한번 생각해볼 필요가 있다. 아직 일도 시작하지 않은 사람이 일을 얼마나 능숙하게 해낼 수 있는지도 알지 못하면서 벌써 워라밸부터 고민한다는 말을 들으면 어떤 기분이 들까? 인지상정이라지만, 본인이 들어가려는 회사에서 내가 원하는 액수의 월급이라는 비용을 지불할 만한 가치가 내게 있는지를 자문하는 게 우선 아닐까? 회사가 어떤 곳인지, 업무가 무엇인지에는 관심이 없고 연봉이나 복지, 워라밸만 보고 지원하는 사람을 어떤 기업이 달가워할까? 그런 사람을 취업시키려고 기업이 버선발로 뛰어나오리라 기대한다면 양심불량 아닐까?

취업 준비를 열심히 하고 있다고들 하지만 실상을 들여다보면, 몇몇 채용사이트를 기웃거리다가 지원이 가능한 곳을 발견하여 이력서를 새로 보내는 정도에 그치는 경우가 대부분이다. 그것은 본질적으로

'복사 후 붙여넣기(Ctrl+c, Ctrl+v)'에 불과할 뿐 제대로 된 취업 준비라고 할 수 없다.

좀 더 열심히 준비하는 취준생들은 함께 모여 면접스터디 같은 것들을 한다. 그런데 그 내용을 살펴보면 합격한 이들의 사례를 반복학습하는 정도다. 말하자면 합격자들을 따라 할 뿐 알맹이가 없는 것이다. '복사 후 붙여넣기'보다는 낫다고 할 수 있으나 본질적으로는 흉내내기 이상도 이하도 아니다.

많은 취준생들이 취업 준비를 한다면서 복사 후 붙여넣기나 흉내내기를 하고 있다. 기껏 이런 준비를 하느라 너무 힘들다며 탈진해 있다. 보기에 안타깝지만, 헛심을 쓰고 있다는 생각에 갑갑한 마음마저 든다.

그러면 다시 앞에서 얘기한 기본과 본질로 돌아가보자. 취업 준비의 핵심을 재정리하면 다음과 같다.

취업 준비는
첫째, 내가 가고 싶은 기업이나 업무를 결정하고,
둘째, 아직은 직접 경험해보지 않았지만 그게 어떤 업무인지 상세히 알아보고,
셋째, 현재 나의 상태로 회사에 어떻게 기여할 수 있는지를 가늠하고 판단해서 면접에 대비하는 전략을 짜는 것이다.

이것이 취업 준비의 핵심이요 기본이다. 이 기본을 되짚어보면 취준

생들이 하고 있는 활동에 대해 필자가 박하게 평가하는 이유를 이해할 것이다.

취업 준비를 어떻게 해야 하는지 잘 모르겠다면 묻고 찾아봐야 한다. 헤드헌터에게 문의하든, 동종업계에서 일하고 있거나 거쳐간 선배에게 물어보든, 모르는 사람에게라도 접근해서 알아보고 배워야 한다. 그렇게까지 해야 하는 게 취업 준비다.

간판에 너무 집착하는 사람들

사람들은 연봉이나 워라밸만 따지는 게 아니다. 회사 간판에도 필요 이상으로 신경을 쓴다. 그래서 다음과 같은 황당한 일이 일어난다.

규모가 큰 기업이지만 파견계약직이고 정규직 전환 가능성이 거의 없는 1년짜리 일자리가 있다. 연봉은 높지 않고, 업무는 아무나 할 수 있는 잡무 정도다. 이와 달리 작지만 나름 경쟁력이 있는 기업의 자체 계약직이 있다. 역시 1년짜리이지만 정규직으로 전환할 예정인 일자리다. 연봉도 괜찮고 업무도 본인이 하고 싶었던 분야다.

어떤가? 이런 정도의 조건이라면 어디로 가야 할지 물어볼 일도 아니라고 봐야 한다. 그런데도 취업시장에서는 두 곳을 놓고 주저주저하거나 전자를 택하는 이가 상당히 많다. 회사 간판에 필요 이상으로 현혹되는 것이다.

세상살이는 길고 길다. 1년만 일하고 경력이 끝나는 것도 아니며, 구글 사무실에 드나들 수 있으면 아무 일이나 시켜줘도 상관이 없는 것도 아니다. 간판에 현혹되어 회사를 다니다 보면 얼마 지나지 않아 본인도 만족하지 못하고 불평불만을 털어놓게 된다. 그러니 멀리 보고 결정해야 한다.

본인이 원하는 기업의 채용에서 떨어지면, 그러니까 대기업에 취업이 안 되면 다른 곳에는 일자리가 없는 것처럼 계속 똑같은 문만 두드리는 이들도 많다. 그러나 냉정하게 생각해야 한다. 보통은 지금 안 되면 나중에도 안 된다. 한 번 정도 떨어졌다면 재도전해볼 수도 있겠지만, 비슷한 등급의 기업에서 자꾸만 떨어진다면 현재로선 그곳을 지망할 경쟁력이 본인에게 없다고 봐야 한다. 이런 경우에는 중견기업이나 중소기업에서 경력을 쌓은 뒤에 재도전하는 방향으로 전략을 짜야 한다. 미래의 발전 가능성이 있고 나를 경쟁력 있는 인재로 봐주는 기업을 찾아 그곳에서 성실하게 경력을 쌓는 길을 택하는 것이 좋다.

조금 황당하지만 이런 일도 있었다. 그는 대기업 화장품회사에 가고 싶어 했다. 그런데 그 회사에는 채용 일정이 잡혀 있지 않았다. 언제 채용의 문이 열릴지 알 수도 없을뿐더러 열린다 해도 합격한다는 보장이 없었다.

채용시장에서 구직을 하던 그는 외국계 화장품회사의 정규직으로 합격했다. 정말로 잘된 경우였다. 그런데 어찌 된 일인지 합격한 회사에 들어가지 않겠다고 했다. 처음부터 들어가고 싶어 했던 화장품회사보다 연봉이 적다는 것이 이유였다.

어떻게 생각하는가? 연봉이 10~20% 더 높은 곳을 가겠다며 기약도 없이 6개월이나 1년을 기다리기보다는 지금 합격한 곳에 입사하는 것이 훨씬 더 나은 선택이다. 이 또한 다른 누구에게 물어볼 필요도 없다. 금전적인 면만 따져봐도 그렇다. 6개월 넘게 돈을 써가면서 취업을 준비하는 것과 합격한 곳에서 연봉을 받는 것, 어느 쪽이 금전적으로 이득이겠는가?

이상한 선택을 하는 이들은 친구가 취업한 이야기를 곧잘 한다. 친구 누구가 어디에 들어갔는데 얼마를 받더라는 식이다. 본인도 그 이상을 받고 싶기 때문에 그보다 적게 주는 기업에는 합격해도 가지 않겠다고 얘기한다.

취업은 본인을 위해 하는 것이다. 취업을 준비하는 과정에서 너무 주변의 시선을 의식한 나머지 본인에게 합리적인 판단을 내리지 못하는 취준생을 많이 보게 된다. 그래선 안 된다. 본인이 하고 싶은 일을 하기 위해, 가고 싶은 곳을 가기 위해 지망해야 한다. 남들에게 보여주려고 회사를 다니는 것은 아니지 않은가. 뽐내기 좋은 회사를 다니고 싶은 마음은 십분 이해한다. 본인이 하고 싶은 일을 할 수 있고, 가고 싶었던 곳이고, 남에게 자랑할 수 있는 회사라면 가장 좋을 것이다. 하지만 바로 실현될 수 없다면 바라는 조건 중에서 무엇을 빼야 할까? 당연히 '남에게 자랑할 수 있는 회사'를 빼야 한다. 그 회사는 당장 다니지 않아도, 내가 하고 싶은 일을 열심히 해서 더 잘하게 되면 나중에 다시 도전할 기회가 생기기 때문이다.

필자는 이 책에서 취업의 기본 전략을 반복해서 이야기할 것이다. 현재의 취업시장에서 나의 경쟁력이 다소 부족하다면 어떤 식으로 기회를 노려야 하는지, 그렇게 취업한 다음에는 어떻게 일을 해야 하고, 이직은 어떻게 하면 좋은지를 전반적으로 다룰 것이다. '수학에는 왕도가 없다'는 말처럼 이러한 기본 전략을 숙지하고 그 방면으로 노력을 계속 해나갈 때 본인의 커리어를 쌓아갈 수 있다는 것을 명심했으면 한다.

성패를 가르는 취업 전략의 기본

이 책에서 말하는 취업 전략의 기본은 취준생뿐만 아니라 이직을 고민하는 이들에게도 도움이 된다. 경쟁력이 다소 부족한 이들까지 아울러 취업시장에서 두루 통용될 수 있는 현실적인 취업 전략의 기본은 다음과 같다.

첫째는 채용 정보를 얻는 채널을 늘려야 한다는 것,
둘째는 그 회사는 꼭 지금 가지 않아도 된다는 것,
셋째는 공채만이 답은 아니라는 것,
넷째는 채용공고의 자격 요건에 너무 얽매이지 말라는 것이다.

셋째 전략은 보다 상세한 설명이 필요하다. 여기서는 개략적으로만 소개하고 뒤에서 자세히 설명하기로 한다.

취준생들에게 취업 정보를 어디에서 확인하냐고 물어보면 대부분 유명 채용포털에 올라오는 정보에 의지한다고 말한다. 사람인이나 잡코리아 같은 사이트들이다. 이것이 근본적인 문제다. 정보를 얻는 채널이 이렇게 한정되어 있으면 포털에 올라오는 대기업 공채에 관성적으로 지원서를 넣게 된다. 회사나 직군에 관계없이 사실상 '묻지 마 지원'을 하게 되는 것이다. 그러니 대기업 공채의 경쟁률만 높여줄 뿐 결과는 뻔하다. 경쟁력 있는 취준생들의 들러리만 서게 되는 것이다.

사람들이 잘 모르는 사실이 있다. 온라인에 게재되는 채용공고는 전체의 일부일 뿐이라는 것이다. 비율로 따져보면 50% 이하일 것이다. 그러니 온라인에 공고하지 않고 내부 네트워크나 헤드헌팅으로 채용하는 경우까지 노려봐야 제대로 된 취업 준비가 가능하다. 이렇게 말하면 종종 "온라인에 채용공고 안 올라오는 데는 대부분 중소기업 아닌가요? 그런 데는 가기 싫은데요"라는 답이 돌아온다. 이에 대해 해줄 말이 많은데, 뒤에서 다시 논하도록 하겠다.

채용 정보를 얻는 채널을 늘려라

첫 번째 채널은 채용포털사이트다.

그런데 사람들이 주로 이용하는 사람인이나 잡코리아 외에 외국계 기업 전문 채용사이트인 '피플앤잡(peoplenjob)'까지 참조하면 좋다. 이 사이트에서는 외국계 기업들과 헤드헌팅 우수 기업들의 공채와 수

시채용 등 다양한 정보를 얻을 수 있다(필자는 '피플앤잡'과 아무런 관련이 없다).

두 번째 채널은 헤드헌팅사와 헤드헌터다.

여러 채용사이트를 통해 헤드헌팅사(서치펌)에서 올려놓은 채용 정보들을 자세히 살펴보면 본인이 취업하고 싶은 분야의 소식을 알 수 있다. 예를 들어 반도체산업이나 패션산업 등 특정 산업에 전문성을 갖춘 헤드헌팅사나 헤드헌터가 따로 있는데, 직접 연락해서 본인의 니즈(needs)를 밝히고, 이력서와 자기소개서(자소서)를 포함한 자료를 송부해보라. 이러한 시도는 많으면 많을수록 좋다. 관련 분야와 업계에 전문성을 보유한 헤드헌터들이 풍부한 채용 네트워크를 갖추고 있기 때문에 훨씬 효과적으로 취업시장에 접근할 수 있다.

또 헤드헌팅사 공식 홈페이지나 마스터메일에 본인의 이력서를 등록해놓는 것도 좋은 방법이다. 이렇게 하면 해당 헤드헌팅사의 모든 헤드헌터가 본인의 이력서를 보게 되고, 본인에게 적합한 포지션을 생각보다 빠르게 제안할 것이다. 가령 10명의 헤드헌터가 일하는 헤드헌팅사에 본인의 이력서를 등록해놓았다고 하면 보통 헤드헌터 한 사람이 5~10개 정도의 고객사를 운영하고 있으므로 순식간에 최대 100개의 채용 케이스에 본인의 경력을 매칭해볼 수 있다.

그러면 신뢰할 만한 우수 헤드헌팅사로 어디어디가 있을까? 필자가 추천하는 헤드헌팅사들은 다음과 같다(필자가 운영하는 회사는 외국계 패션리테일 전문이므로 해당 영역에 관심이 있다면 우리 회사를 고려해보는 것도 좋을 것이다).

유앤파트너즈 / 엔터웨이 / 커리어케어 / HR코리아 / 스탠튼체이스 / 베스트네트워크

헤드헌팅사와 헤드헌터를 선택하는 방법은 4장에서 다시 설명할 것이다.

세 번째 채널은 링크드인이다.

링크드인이라는 SNS를 꼭 활용해보기 바란다. 이 채널은 일견 페이스북과 비슷한데, 이보다는 좀 더 직장과 경력을 중심으로 운영되는 SNS다. 여기에 가입해서 이력서를 등록한 후에 본인이 가고 싶은 회사의 재직자들을 검색해보면 많은 도움을 받을 수 있다. 재직자들이 자신의 간략한 이력을 올려두기 때문에 본인의 이력과 경험을 그들과 비교해볼 수도 있다.

예를 들어 나이키에 입사하려는 사람이 있다고 하자. 먼저 내 경력으로 그곳에 갈 수 있는지부터 궁금할 것이다. '영어 수준은 어느 정도여야 할까?', '학력은 어느 정도일까?', '신입채용도 허용할까?' 등등 궁금한 게 많을 텐데, 나이키에 재직 중인 사람들의 이력서를 보면서 궁금증을 해소하거나 참고할 수 있다. 더 나아가 재직자들과 인맥을 맺어 당신의 회사에 입사하고 싶으니 정보나 팁을 달라고 요청하는 것도 가능하다. 물론 정중하게 해야 한다.

이렇게 하면 생각보다 많은 이들이 도움을 줄 것이다. 너무 어렵게 생각하거나 부담을 가질 필요가 없다. 정중한 태도만 유지하면 된다. 입장을 바꿔 누군가가 내가 다니는 회사에 입사하고 싶어 한다고 치자. 상당히 기분 좋은 일이지 않겠는가? 이런 식으로 인맥을 넓혀가면서 알아보면 훨씬 더 유익한 정보를 많이 얻을 수 있게 된다.

이 방법은 생각보다 매우 효과적이다. 필자가 아는 어떤 사람은 이렇게 해서 UN본부에 인턴으로 합격하기도 했다. 그 외에도 많은 성공 사례가 있다.

그 회사는 꼭 지금 가지 않아도 된다.

정보를 얻는 채널을 늘릴 만큼 늘리고 알아볼 만큼 알아보았다면 다음으로 숙지해야 할 원칙이 있다. 그것은 바로 '그 회사는 꼭 지금 가지 않아도 된다'는 것이다.

본인이 특별한 경력도 없이 신입으로 나이키에 도전한다고 해보자. 그러면 학력, 학점, 영어 실력 등만으로 평가받게 될 것이다. 현재의 조건으로도 나이키에 입사할 수 있다면 그나마 다행이겠지만, 그렇지 않다면 어떻게 해야 할까?

다른 수를 찾아야 한다. 그런데도 상당수의 사람들이 '나는 나이키에 가고 말 거야. 아니면 나이키랑 비슷한 등급의 회사에 들어갈 거야'라며 다음 채용을 기다린다. 올라오는 채용에 계속해서 지원하고 그러면서 떨어지는 일이 반복된다. 시간만 흐르고 시간이 갈수록 합격 확률은 점점 더 낮아진다. 결코 좋은 방법이 아니다.

신입이라면 같은 산업군 내의 다른 기업에 좀 더 빠르게, 쉽게 입사해서 잘할 수 있는 업무로 2년 정도 경력을 쌓은 후에 경력직으로 지원하는 것이 현실적이고 효과적인 경로다. 경쟁이 심한 기업에 매번 지원하여 에너지를 낭비할 필요가 없다.

공채만이 답은 아니다

공채에만 매달릴 이유도 없다. 인턴이나 계약직이 오히려 더 빠른 성취를 줄 수도 있다. 대기업 공채만 노리면 취업이 어려운 시기에 더 어려운 일이 된다. 위에서 안내한 여러 채널을 통해 임시직으로 빠르게 입사한 다음 내부에서 기회를 찾는 것이 낫다. 실제로 일정 기간 동안 교육받은 숙련된 인원을 정규직으로 전환하는 기업이 많아지고 있다. 그렇게 해서 6개월 정도 일하고 정규직을 노려보는 것이 타당성 있는 전략이다. 설사 잘 안 되더라도 그런 활동 자체가 경력이 된다. 취업 준비에 시간을 다 쓰고 내년에도 '신입'으로 출발하는 것보다 낫다는 것이다.

채용공고의 자격 요건에 너무 얽매이지 마라

채용공고에 나와 있는 자격 요건에 너무 얽매일 필요도 없다. 경력, 기간, 나이 등등에 걸려 아예 지원조차 하지 않는 사람들이 있다. 그런데 실제 채용, 특히 수시채용에서는 어느 정도 여지가 있는 것이 보통이다. 그러므로 채용공고에 올라온 자격 요건에 조금 안 맞거나 부족하더라도 하고 싶은 일이고 잘할 수 있는 일이라면 과감히 지원해보기 바란다. 의외의 좋은 결과를 볼 수 있다.

지금까지 이야기한 취업 전략의 기본을 다시 정리해보자.

채용 채널을 늘려라.

그 회사는 꼭 지금 가지 않아도 된다.

공채만이 답이 아니다.

채용공고의 자격 요건에 너무 얽매이지 마라.

이 4가지 취업 전략의 기본 중에서 한두 가지만 제대로 실천해도 취업이 훨씬 수월해질 것이다.

중소기업에 대한 편견을 버려라

얼마 전 대기업에 다니고 있는 대학 동기들을 만났는데, 공통적으로 하는 말이 있었다. 신입채용이 10분의 1 수준으로 줄었다는 것이다. 채용 규모가 줄어드니 경쟁률은 극심해질 수밖에 없다. 또한 입사하는 친구들의 면면을 보면 국내 대학 출신은 거의 찾아볼 수 없는 수준이라고 한다. 2020년 초 코로나가 창궐하면서부터 나타난 흐름인데, 더 심해지는 느낌이다. 이제 취업을 준비하는 이들은 지원할 곳도 없고, 그나마 지원하는 기업의 경쟁률은 상상을 초월하고 있다. 어떻게 해야 할까?

필자의 생각은 플랜 B를 택하는 것이다. 하늘의 별 따기와 같은 대기업 입사에 매달리면서 시간만 보낼 게 아니라 중견기업, 중소기업으로 방향을 트는 것이 현명하다. 중견기업이나 중소기업이 대기업보다 좋다고 말하려는 것이 아니다. 유명하고 큰 기업이 더 좋은 것은 분명하다. 연봉과 복지는 물론 경력에도 훨씬 좋다. 하지만 면접도 못 보고 서류전형에서 계속 탈락하거나 면접을 보더라도 결국 불합격하면서 취업 준비기간이 이어진다고 하면 얼른 플랜 B로 가야 한다. 취업난이 극심한 상황에서는 더욱 그렇다. 가뜩이나 취업이 어려운 시기에 대기업의 문을 붙들고 있는 것은 기회비용이 엄청날뿐더러 불확실성도 클 수밖에 없다. 그래도 부모님이 지원해줘서 버틸 수 있다거나, 곧 죽어도 대기업만이 목표라고 한다면 더 할 말이 없다. 그게 아니고 어떻게든 취업을 하겠다고 생각하는 이들이라면 지금부터라도 눈을 살짝 낮춰서 접근하는 게 좋다. 중견기업과 중소기업 중에도 대단한 기술력으로 성장 가능성이 무한한 곳들이 정말 많다. 안 되는 거 붙잡고 머리를 쥐어뜯지 말고 건강하고 비전 있는 기업을 찾아보기 바란다.

간혹 중견기업과 중소기업을 노려보라고 하면 SNS나 인터넷 매체에 올라온 비상식적인 사례들을 열거하는 취준생들이 있다. 하지만 말 그대로 비상식적인 사례에 불과할 뿐이다. 그런 사례로 중소기업들을 일반화해선 안 된다. SNS에서 묘사되는 것처럼 모든 중소기업이 상식 이하라면 우리 사회가 정상적으로 돌아가지도 않을 것이다. 중소기업에 다니는 사람들은 노예근성에 찌들어 있고, 말도 안 되는 연봉에 참을 수 없는 부조리를 견디며 생활하는 게 아니란 말이다. 우리나라 직장인들 중 70% 이상이 중소기업에서 근무한다. 그 안에도 비전과 행복이 있다는 사실을 알아야 한다.

차라리 포기하고 만다?

취준생이 취업을 못하는 이유는 단지 환경 때문만이 아니다. 그들 본인에게서도 어느 정도 이유를 찾을 수 있다. 그중 대표적인 것이 사회와 직장에 대해 가지고 있는 취준생들의 잘못된 인식, 선입견 같은 것들이다. 대기업, 중견기업, 중소기업을 분류하는 기준도 모르면서 무조건 대기업이나 공기업만 좋고 중견기업이나 중소기업에 가면 경력을 망친다고 생각하는 이들이 많다. 그래서 기회가 열려도 중견기업이나 중소기업은 쳐다보지도 않는다. 온라인이나 SNS에서 떠도는 가십이나 비하, 회사생활에 대한 자극적인 정보를 전부로 여기고 중견기업과 중소기업은 모두 그럴 거라고 생각하곤 한다. 그래서 '거기 가려면 차라리 취업을 안 하고 만다'와 같은 소리를 하기도 한다.

이에 대한 답변으로 얼마 전 필자에게 상담 요청을 해온 사람의 안타까운 사례를 소개하려고 한다. 그는 2020년 초 중소기업에 합격했지만 대기업에 가겠다는 생각에 입사를 취소하고 현재까지 취업을 준비하고 있다고 했다. 지금은 중소기업 채용도 없는 상태라서 아르바이트 자리를 구하고 있다. 그러면서 그때 합격한 중소기업에 가지 않은 걸 엄청 후회했다.

그가 중소기업을 포기한 이유는 기본급이 3,000만 원이었기 때문이다. 최소 4,000만 원은 받고 싶어서 입사하지 않았다는 것이다. 그런데 지금은 아르바이트생이 되려 하고 있다. 생활비 마련을 위해 월 80만 원 정도는 벌 수 있는 곳을 찾아야 하기 때문이다. 일이 이렇게 될 줄은 자신도 미처 몰랐다고 한다.

이런 이야기를 들으면 마음이 답답해진다. 그가 그때 중소기업에 입사했다면 그해 3,000만 원 정도는 벌었을 것이다. 만약에 아주 운이 좋아서 그해 7월에 대기업에 들어갔다면 연봉이 4,000만 원이라고 쳐도 반년치인 2,000만 원의 소득만 있었을 것이다. 두 경우를 비교해보면 중소기업에 다녔을 때가 1,000만 원 더 많다. 가능성이 작지만 본인이 원하는 대로 대기업에 합격해서 다녔다는 것을 전제로 따져봐도 그렇다. 연봉 때문에 현재의 확정된 기회를 버리고 불확실하고 확률도 더 낮은 미래의 기회를 본다는 것, 한 해 기준이긴 하지만 돈을 더 못 버는 선택을 하는 것은 비합리적이다. 합격한다는 보장이라도 있으면 다르겠지만 누가 그런 보장을 해줄 수 있는가.

채용이 적으니 기회는 줄어들고, 기회가 줄어드니 취업경쟁률만 올라가는 게 지금의 상황이다. 불확실성이 커지니 선택에 대한 기회비용 또한 점점 높아지고 있다. 지금부터라도 연봉이 아닌 연간소득을 생각해야 한다. 보다 빨리 업계에 뛰어들수록 소득이 더 올라가는 법이다. 출발점을 더 높이 가져가겠다며 취업 시기를 한정 없이 늦추는 것은 가뜩이나 채용이 드문 시기에는 결코 현명한 전략이 되지 못한다.

앞의 사례를 다시 들여다보자. 그는 연봉이 낮다는 이유로 연 3,000만 원을 포기했고, 경력을 쌓을 기회도 잃고 말았다. 게다가 대기업 취업의 가능성은 더 낮아졌다. 조건이 같으면 시간이 갈수록 경쟁력이 떨어지니 말이다. 그가 중소기업에 입사했다면 어땠을까? 원하는 만큼은 아니었더라도 충분히 생활할 수 있는 정도의 소득을 보고, 경력도 차곡차곡 쌓았을 것이다. 대기업으로 이직할 가능성도 커졌을지 모른다. 어떤 선택을 해야 하는지 묻는다면 답은 뻔하지 않은가?

경력직 채용에서 기회를 노리는 법

요즘 채용사이트를 살펴본 사람은 알 것이다. 신입사원 채용보다는 경력직 채용이 눈에 많이 띈다는 걸 말이다. 즉, 중소기업에 들어가도 1년 정도 지나면 기회가 많은 경력직 채용에 도전할 수 있는 것이다. 그렇다면 먼저 중소기업을 선택하는 것이 소득은 물론 경쟁력도 키우는 길이다. 대기업들도 중소기업에서 업무 경험을 다양하게 쌓은 인재들을 더 선호한다. 1년이라도 경험이 있는 이들을 뽑는 게 훨씬 더 효과적이라고 생각하기 때문이다.

중소기업에 들어가면 경력에 마이너스가 된다는 이야기를 앵무새처럼 반복하는 젊은이들이 대기업에 대한 환상에서 깨어나길 바란다. 인생은 스스로 사는 것이고, 중소기업에 가서도 얼마든지 경쟁력을 키울 수 있다. 이게 젊은이다운 생각 아닐까? 한국이라는 사회에서 '첫 직장'의 가치가 필요 이상으로 평가되고, 중소기업에서 시작한 이들이 더 위로 올라서려면 훨씬 더 많은 노력을 기울여야 하는 현실이지만, 이를 극복해내는 사례가 많아지고 있다.

필자의 얘기를 '꼰대 소리'라고 할지 모르겠다. 꼰대 소리라고 해도 좋지만, 현실을 직시할 줄 알아야 한다. 게다가 젊은이들의 경쟁 상대는 젊은이들만이 아니다. 학교에서는 학년별로, 같은 또래의 학생들끼리 경쟁을 하지만, 사회는 그렇지 않다. 사회에서는 젊은이들끼리만 경쟁하는 게 아니라 위아래 세대와도 경쟁하게 된다. 대기업이나 공기업만 쳐다보며 시간을 보내고는 취업이 안 되는 이유를 세상 탓, 꼰대 탓, 코로나 탓으로 돌리는 젊은이들이 취업시장에서 그들 스스로 꼰대라고 비난하는 윗세대들과 경쟁하면 누가 이길까? 가정환경, 회사 규모, 연봉, 복지, 워라밸을 따지지 않고 강남역에서 볼펜을 팔아도 성공할 자신이 있다고 되뇌는 사람들, 어디서 무얼 하건 무조건 성공한다고 자신하며 경쟁할 무기를 만들어가는 사람들과 경쟁해서 이길 수 있을까? 답은 뻔하다.

또 하나 안타까운 점은 청년들에 대한 기성세대들의 태도다. 그들은 꼰대 소리가 듣기 싫어 청년들에게 필요한 얘기를 하지 못한다. 좋은 소리만 듣고 싶은 것이다. 하지만 그들도 속으로는 필자와 같은 생각을 한다. 용기를 내어 이야기해주어야 한다. 현실의 다른 측면도 솔직하게 알려주어야 청년들에게 실질적인 도움을 줄 수 있다. '이 정도는 얘기 안 해도 알겠지' 하고 넘어갈 일이 아니다. 이런저런 핑계로 얘기해주지 않으면 정말로 필요한 조언을 청년들이 듣지 못하게 된다.

대기업에 가야 취업한 것이고 인생에서 성공할 수 있다고 믿는 취준생들은 다시 생각해봐야 한다. 워라밸만 생각하거나 모든 게 갖춰진 쉬운 길만 선택하려는 건 아닌지 돌아보아야 한다. 젊음이 가지고 있는 도전과 열정이라는 귀중한 무기를 오로지 많은 급여와 안정적인 복지, 보기에 좋은 간판과 교환하지 말아야 한다.

대기업만 바라보는 취준생들이 거들떠보지 않는 수많은 중소기업에는 오늘도 매 순간 열정을 다하며 자신의 삶을 가꾸어가는 또래들이 있다. '열정 같은 소리 하고 있네'라며 냉소하지 말고 그 상황에서 몇 년의 시간이 쌓이면 어떻게 변화할지 생각해보아야 한다. 아직도 취업을 준비하는 자신과 경력을 쌓은 그들의 입장이 어떻게 바뀔지, 돈으로 바꾸기 어려운 그 열정이 결국 얼마나 큰 차이를 만들어낼지를 말이다. 연봉과 복지 수준에 열을 올리는 사람과 자신에 대한 믿음과 의지로 열정을 발휘하는 사람이 있을 때 기업에서 누굴 더 채용하고 싶겠는가?

우리나라에는 건강하고 비전 있는 중소기업이 많다. 현실을 파악하고 강남역에서 볼펜을 팔아도 성공할 수 있다는 마음으로 현재의 방구석으로부터 탈출하겠다는 자세를 가지고 도전해보기 바란다. 대기업에 지원해서 경쟁률만 높이지 말고 건실한 중소기업에 지원해서 하루라도 빨리 취업하는 것이 인생이라는 마라톤에서 성공하는 답일 수 있다. 적어도 그 연봉으로는 일할 수 없다고 버티다가 월급여 100만원도 안 되는 아르바이트를 전전하며 본인의 시간과 기회를 둘 다 날려버리는 어리석은 선택은 피할 수 있어야 한다.

지잡대를 넘어, 학벌을 넘어

필자가 제일 싫어하는 말 중 하나가 '지잡대'다. 그런데 종종 접하게 된다. 취업과 이직에 관한 유튜브 영상을 만들면서 알고리즘이 다른 영상들을 띄워주게도 되는데, 정말 별별 얘기를 하는 이들이 있다. 한번은 어느 학원 선생님의 막말을 고발하는 영상을 봤는데, 아이들을 가르치면서 "지잡대는 병신이다. 실패한 인생이다", "너처럼 멍청한 새끼가 가봐야 지잡대지. 그래서 사람 구실 하겠냐?", "좋은 대학에 가야 사람 구실 한다" 따위의 얘기들을 늘어놓았다. 순간 피가 거꾸로 솟는 느낌을 받았다.

그런데 가만히 생각해보면 그 선생만 그런 것이 아니다. 그를 통해 과격하게 나온 말일 뿐 우리 사회 전체가 스펙이란 잣대로 지잡대와 같은 저급한 용어를 아무렇지 않게 통용하고 있는 것이다. 성공과 행복의 조건에 '좋은 대학'이란 타이틀이 전제되어야 한다는 인식이 보편적으로 깔려 있다.

필자는 이러한 인식이 얼마나 무서운지 강단에서 직접 체험했다. 전문대나 지방대학에 가서 강의할 때 학생들이 얼마나 기죽어 있는지를 확인한 것이다. 마음껏 청춘을 즐겨야 할 나이에 강의실에서조차 숨죽이고, 부끄러워하고, 자신 없어 하는 모습을 보고 얼마나 마음이 아팠는지 모른다.

도대체 왜 그래야 하는 걸까? 지방대나 전문대에 다니는 건 죄가 아니다. 학생들이 사회에 잘못한 것도 없다. 다만 입시라는 살벌한 경쟁 체제에서 한 번 밀려났을 뿐이다. 중고등학교 다니면서 잠시 한눈을 팔았을 뿐인 학생들, 기성세대들이 짜놓은 교육시스템과 학습 방식이 맞지 않아 집중하지 못한 학습자들일 뿐이다. 지잡대라는 무지막지한 말로 낙인을 찍어야 할 이유가 없는 것이다.

Why not?

필자가 운영하는 회사에는 전문대 출신들이 꽤 있다. 그들을 채용하는 필자에게 한 헤드헌팅사 대표가 말했다. "전문대 애들? 할 수 있어? 걔네 못해!"라고. 그 말을 듣고 기분이 몹시 상했다. 헤드헌팅이 스펙으로 하는 일인가? 좋은 대학을 나와야 헤드헌팅을 할 수 있단 말인가? 헤드헌팅은 좋은 인성만 있으면 할 수 있는 일이라고 생각한다. 부족한 부분은 필자와 같은 전문가나 선배들이 가르쳐 채우면 된다.

헤드헌팅만 그럴까? 다른 일들도 마찬가지다. 좋은 학교를 나와야 일을 잘한다거나 인성이 좋다는 법은 세상 어디에도 없다. 성적이 성실함의 잣대이므로 좋은 성적이 성공을 보장한다는 말은 근거가 없다.

우리 회사의 전문대 출신 중 한 직원은 입사 후 2년 만에 우리나라에서 손꼽는 리서처가 되었다. 업계에서 유능한 헤드헌터로 인정받는 그는 세계적인 외국계 기업에서도 채용팀으로 뽑아가고 싶어 난리다. 고객사에서 그를 데려가려는 것이다. 그는 토익시험도 한 번 본 적이 없다. 그렇지만 영어를 제법 잘한다. 토익점수 900이 넘는 이들에게 영어 잘하냐고 물어보면 잘 못한다고 답하는 이들이 허다한데, 이 친구에게 영어 할 줄 아냐고 물어보면 "Sure. Why not?"이라고 자신 있게 말한다.

회사에서 토익점수를 보는 이유는 영어로 의사소통이 되는지를 확인하려는 것이다. 하지만 점수가 높아도 의사소통이 어려운 경우가 많다. 우리 회사의 전문대 출신들은 다르다. 영어로 의사소통을 한다. 필자와 함께 매일 아침 15분씩 프리토킹으로 공부해서 생활영어를 익혔기 때문이다. 해외에서 걸려오는 전화 통화나 미팅을 진행하는 데 아무런 지장이 없다. 좋은 대학 나온 이들이 못해내는 일들을 일상적으로 수행하고 있다.

간판이나 스펙이 아니라 가능성을 보고 채용하는 문화가 우리 사회에 절실하다. 학교라는 껍질로 사람을 재단하지 말고 사람의 장점에 초점을 맞추고 부족한 점은 보완해가는 어른들의 노력이 필요하다. 꿈을 펼치기도 전에 학벌을 내세워 짓밟아서는 안 된다. 기업과 사회가 나서서 이 시대에 맞는 인재 선별법, 면접 방법, 교육 방법을 준비하고 실행에 옮겨야 한다.

업계 1등 회사의 채용 방식

이 시대의 기술은 이미 상상을 뛰어넘을 정도로 발전했다. 그런데도 채용은 여전히 구태의연한 방식으로, 스펙 중심으로 이루어진다. 직원 교육도 대부분 직원들의 장점을 찾아 계발하는 게 아니라 주어진 과제만 생각하는 일하는 기계, 말 잘 듣는 부려먹기 좋은 일원을 만드는 내용으로 채워져 있다. 이래선 안 된다. 청년들을 출신 학교로 줄 세우고 스펙으로 자르는 기업과 사회에는 미래가 없다. 명문대에 진학하지 못하면 인생의 실패자처럼 여기고 지잡대라는 말로 젊은이들의 어깨를 짓누르는 일을 그만두고, 학교 공부보다 다른 것에 관심이 많았던 친구들의 장점을 키우고 펼칠 수 있게 도와주는 기업이 되어야 하고, 사회가 되어야 한다.

우리 고객사들 가운데 그런 회사가 있다. 처음에는 무조건 4년제 대졸자만 추천해달라고 했었다. 그러다가 달라지기 시작했다. 필자가 전문대 출신의 한 친구를 인사팀에 적극 추천하면서부터였다. 정말로 괜찮은 친구인데 제발 면접이라도 볼 수 있게 해달라고 간청했다. 헤드헌팅사라면 취업이 절실하고 잘하려는 친구들, 눈빛이 반짝반짝하는 친구들은 인사팀에 무릎을 꿇고 사정사정해서라도 기회를 주어야 한다고 생각했기 때문이다. 필자의 간청을 들어준 회사는 그 뒤로도 학력 수준 부분을 매우 유연하게 적용해주었다. 스펙이 아닌 사람을 봤고, 조금 더 많은 시간을 들여 다층면접을 통해 신입들을 채용했다. 그래서 어떻게 되었을까? 해마다 몇백 명씩 좋은 인재들을 채용하여 전보다 훨씬 매출이 좋은 회사로 성장했다. 해당 업계에서 세계 1등을 넘보는 회사가 되었다.

우리 젊은이들도 기죽지 말고 당당히 나서야 한다. 세상을 이기려면 나부터 바꾸고 실천해야 한다. 떳떳하게 도전하고 노력하면 분명히 세상이 알아봐줄 거라는 생각으로 부딪쳐야 한다. 필자를 포함해서 그런 패기를 알아봐주는 선배들이 어디엔가는 분명 있다는 사실을 믿고 나아가야 한다.

기업도 구닥다리 채용 방식을 버리고 기업에 꼭 맞는 인재를 선발하고 교육하는 시스템을 만들고 정착시키기 위해 노력해야 한다. 스펙과 학벌이 아닌 장점과 태도로 채용하고 육성하는 '좋은' 기업이 되어야 한다.

필자가 지금의 회사를 운영하는 것은 명문대 출신이 아니어도 좋은 기회 얻을 수 있고, 성공하여 행복한 인생 누릴 수 있다는 것을 증명해 보이기 위한 것인지도 모른다. 지잡대와 같은 용어가 우리 사회에서 영영 사라지게 될 날을 고대하면서.

진로 선택보다 중요한 것

20대는 무엇이든 선택할 수 있는 시기이고, 30대는 20대에 한 선택을 증명하는 시기다. 그래서 20대에는 무엇이든 선택해서 많이 경험해보는 것이 중요하다. 그러다가 어느 순간에 나의 진로를 선택해야 하는데, 그 선택은 어떤 마음가짐으로 해야 할까?

필자는 대학 시절부터 그냥 취업을 하기보다는 남들과 다른 선택을 하고 싶었다. 그리고 그 선택이 빠르게 사업과 연결되길 바랐다. 목표 자체가 20대에 사업을 하는 것이었다. 막연하지만 20대에 사업을 시작하자고 목표를 정하고 진로를 탐색하다 보니 헤드헌팅이라는 분야를 알게 되었고, 그렇게 진로를 정하게 되었다.

중간중간 여러 유혹도 있었고 일반 기업체에서 근무할 기회도 있었지만, 흔들리지 않고 대기업에 다니는 동기들의 절반도 안 되는 급여를 받아가면서 헤드헌팅을 배웠다. 급여가 너무 적어 짜증이 났던 적도 있었지만 그때마다 마음을 다잡았다. 지금은 뭐든 배워야 하는 시기다, 돈 받아 가며 학원 다니는 거라고 생각하면 이득이지 않나, 어차피 돈은 사업하면서 벌면 된다, 돈 생각하지 말고 잘 배우자, 그렇게 해서 내 사업을 시작하자는 마음가짐으로 힘든 시기를 버텼다. 그렇게 해서 애초의 목표대로 20대에 사업을 시작할 수 있었다.

막연하더라도 목표를 정하고 나면 진로를 선택하기도, 거취나 처세도 수월해진다. 헛수고하거나 허송세월하지 않을 수 있고, 남 탓도 안 하게 된다.

독도에 가는 방법

이 책을 읽는 이들 가운데 선택의 기로에 서 있는 경우가 있을 것이다. 진로나 회사, 학교나 학과를 선택해야 하는데 어쩌면 좋을지 판단하기 어려운 이들이 있을 것이다. 이렇듯 살다 보면 무엇을 할지, 어떤 일을 할지, 어느 회사를 택할지와 같은 선택의 문제에 마주치게 되는데, 그때는 스스로에게 이런 질문을 해보면 좋을 것이다.

'겉보기에 좋은 배를 탈 것인가? 목적지로 데려다줄 배를 탈 것인가?'

예를 들어보겠다. 내가 독도를 가려고 하는데, 강릉항에 도착해서 보니까 너무 멋지고 크고 화려한 배가 있다. 그 옆에는 작고 평범한 배가 있다. 그런데 화려한 배는 제주도로 가는 배이고, 평범한 배는 독도행이다. 어떤 배를 타야 하는가? 당연히 독도에 가는 평범한 배를 타야 한다.

진로를 선택할 때 이 배 타기의 비유를 떠올려 대입하면 선택하는 데 큰 도움이 될 것이다. 겉보기에 크고 화려한 것, 남들에게 뽐내기 좋은 게 아니라 나의 목표와 현실에 맞은 수단을 강구해야 한다는 말이다.

그러면 강릉항에 가기 전의 단계를 생각해보자. 강릉항까지는 어떻게 갈 것인가? 누구는 자동차를 타고 갈 것이고, 혹자는 자전거를 타고 갈 것이다. 두 발로 걸어서 가겠다는 사람도 있을 것이다. 각자의 형편과 취향에 따라 수월한 방법을 택할 것이다. 여기서 끝이 아니다. 어찌어찌 항구에 도착한다 해도 그냥 배에 탈 수 있는 것이 아니다. 탑승권이 있어야 한다. 그러면 탑승권은 또 어떻게 구해야 할까?

이를 취업이나 진로 선택에 대입해보면 강릉항까지 가는 여정은 선택을 위한 본인의 준비 상태나 마음가짐 정도가 될 것이다. 그리고 탑승권은 스펙, 이력서, 자기소개서와 같은 자격사항에 해당할 것이다. 탑승권은 5만 원인데 3만 원밖에 갖고 있지 않다면 배에 오를 수 없을 것이다. 목표가 있어도 자격을 갖추지 않으면 이룰 수 없다. 그러니까 항구로 가기 전에 최소한의 자격은 구비하고 있어야 한다.

항구에 온 사람들은 독도든 제주도든 다들 목적지가 있게 마련이다. 목적지가 없으면 어느 배를 타야 할지 우왕좌왕하게 된다. 취업이나 진로 선택도 마찬가지다. 목표가 있어야 선택의 순간에 흔들리지 않고 올바른 판단으로 전진할 수 있다.

혹시 목적지도 정하지 않고 항구에 와 있는 건 아닌가? 목표도 없이 관성적으로 남들이 하는 것처럼 취업시장에 나와 헤매고 있거나, 가능하면 겉보기에 좋은 배에 타려고 줄을 서 있는 건 아닌가?

취준생들을 위한 조언이라고 하지만, 필자의 마음도 편치 않다. 헤드헌터로 일을 시작한 이후 이처럼 채용환경이 어려운 때도 없었기 때문이다. 그만큼 취업을 준비하는 당사자들의 마음이 가장 졸이고 힘들 것이다. 그들을 보면 다들 어깨가 축 처져 있다. 하지만 취준생들의 잘못이 아니다. 그들이 부족해서 생긴 일이 아니므로 좌절하지 말고 계속 나아가면 된다. 다만 이 책의 조언을 따라 좀 더 현명하게 준비하면 될 것이다.

취업은 연날리기와 같다

어쩌면 미신 같아 보일 수 있는 신기한 이야기를 소개하려고 한다. 필자에게 직접 일어난 일이다.

헤드헌터로 일하다 보니 수없이 도전해도 취업이 안 되어 포기하기 직전인 사람이 지푸라기라도 잡으려는 심정으로 필자를 찾아오는 경우가 많다. 그렇게 대화를 나누다가 그 사람의 처지가 너무 딱하고 안쓰러운 걸 보고 일단 우리 회사에 채용하기로 한 적이 있었다. 지금까지 7~8번 정도 되는 것 같다. 그런데 정말 신기하게도 그들이 회사에 출근하기 전에 이미 지원했던 회사에서 합격 통보가 날아오는 것이다. 마치 필자가 그들의 취업운을 탁 틔워주니까 일이 술술 풀리는 것처럼 모두가 원하는 회사에 입사하게 되었다.

이 이야기는 필자가 학교나 기업에서 강의할 때마다 마지막에 들려주곤 한다. 이처럼 취업은 실력도 중요하지만 약간의 운과 흐름도 필요하다. 이를테면 연날리기와 같다고 할 수 있다.

취업을 연날리기라고 한다면, 사람들은 모두 학교에 다니면서 자신의 연을 만드는 법을 배운 것이다. 방패연, 가오리연 등 각양각색의 연들 중에서 각자가 원하는 소재와 모양, 색깔로 균형을 잡아 바람을 잘 탈 수 있도록 만들어본 것이다. 그렇게 각자의 개성과 역량에 맞게 만든 연은 아직 한 번도 창공을 날아본 적이 없는 새것이다. 이 연을 어떻게 날려야 할까? 바람을 타기 전에는 실에 매어 직접 들고 뛰어야 한다. 취업을 준비하는 이들은 이처럼 '들고 뛰는' 과정을 거쳤다고 볼 수 있다.

연은 가만히 서 있거나 걸어다니면 절대 뜰 수 없다. 빠르게 뛰어야만 바람을 타고 날아오를 수 있다. 연의 밸런스도 고려해야 한다. 바람에 맞게 균형을 맞추는 기술이 필요하다. 이처럼 연을 꼼꼼하게 잘 만들고, 띄우기에 적합한 장소를 고르고, 바람이 불 때를 기다려 빠르면서도 적절한 속도로 뛰어야 연날리기에 성공할 수 있다. 이 모든 과정은 취업을 위해 취준생이 실력을 쌓는 것과 다름이 없다.

바람이 없으면 아무리 빨리 뛰어도 소용이 없다. 지표면 근처에서 빙빙 돌다가 땅으로 고꾸라져버린다. 연을 잘못 만들어서 그런 것이 아니다. 바람이 불지 않으면 아무리 연을 잘 만들어 열심히 들고 뛰어도 연은 날지 않는다. 노력에 노력을 거듭했지만 취업에 성공하지 못한 취준생과 매한가지다. 여기서 바람은 운이나 흐름 같은 것이다. 바람이 없다는 것은 좋지 않은 경제 상황, 즉 불경기를 뜻한다. 바람이 없으면 연을 날릴 수 없듯이 시장이 얼어붙은 불경기에는 노력해도 취업에 성공하기 어렵다.

취업을 운에 맡기라는 소리가 아니다. 바람이 불지 않을 때는 뜻대로 되지 않는 현실에 너무 좌절하지 말라는 말이다. 가뜩이나 힘든 현실에서 스스로 기운을 뺄 필요가 없다는 얘기다.

그러면 바람이 불지 않을 때 우리는 뭘 해야 할까? 본인이 만든 연을 재점검해보는 것이다. 실은 잘 매어 있는지, 길이는 충분한지, 연의 기초인 살은 제대로 짜여 있는지, 종이에 찢어진 곳이 없는지 다시 살펴보고 보완하는 시기로 삼으면 된다.

결국 바람은 다시 불 것이다. 곧 불 수밖에 없을 것이다. 바람이 불 때 필자와 같은 사람이 안내자가 되어 어디에 서 있어야 바람을 잘 받을 수 있는지를 알려줄 것이고, 당신이 수년간 소중히 그리고 열심히 만든 그 연은 마침내 맞춤한 곳에서 높이 날아오르게 될 것이다.

2장

서류전형, 어떻게 할 것인가?

채용경쟁률에 쫄지 마라

채용 관련 기사들을 보면 준비를 시작하기도 전에 먼저 기가 질려버릴 것만 같다. 채용경쟁률이 수십 대 일이면 양반이고 몇백 대 일의 경쟁률 어쩌고저쩌고 하는데, 보기만 해도 맥이 빠지는 느낌이다. 가뜩이나 힘든 취준생들의 어깨만 축 쳐지게 만든다. 그래서 작은 꿀팁 하나를 공개하려고 한다.

서류전형은 20%, 면접은 10%만

이제부터는 몇 명이 지원했건 말건, 경쟁률이 높건 낮건 생각하지 말고, 딱 하나만 기억하라. 서류전형은 상위 20%, 면접은 각 단계별 상위 10%만 하자는 것이다.

1,000명이 지원한 공개채용이 있다고 해보자. 서류전형은 상위 20%이므로 200등 안에만 들면 합격할 수 있다. 느낌이 어떤가? 50 대 1이니 100 대 1이니 하는 뉴스를 들을 때보다 훨씬 해볼 만하다는 느낌이 들지 않는가?

최종 합격률이 얼마인가를 보고 미리 쫄지 말고 단계별로 상위 몇 %까지 합격시키는지만 보고 가면 된다. 채용 규모와 지원자 수에 따라 구체적인 수치가 달라지겠지만, 일반적으로 서류전형은 상위 20% 안에 들면 통과한다고 보면 된다.

사실 살면서 치르게 되는 경쟁의 대부분이 그렇다. 꼭 1, 2등을 해야 하는 것은 아니다. 그렇게 생각하면 산다는 것 자체가 너무 암담하고 피곤해진다. 그러지 말고 경쟁에서 살아남으려면 상위 몇 % 안에만 들면 된다는 생각으로 경쟁에 임해보라. 긴장과 부담이 훨씬 덜해지는 느낌을 받을 수 있을 것이다. 물론 서류전형에서 상위 20% 안에 드는 것도 쉬운 일은 아니다. 하지만 100 대 1보다는 쉬워 보이는 게 사실이다. 상위 20%에 간당간당 합격했다고 해서 불안해할 필요도 없다. 왜냐하면 서류전형이 100m 달리기라면 그다음 단계인 면접은 달리기와 전혀 다른 종목이 될 테니 말이다.

취업 전형에서 각 단계의 성적은 합격이냐 불합격이냐만 결정할 뿐이지 거기서 몇 등을 했느냐는 큰 의미가 없다. 꼴등으로 서류에 합격한 사람이 면접에서는 상위 1%를 차지할 수도 있다. 따라서 서류전형에 합격했다면 상위 1%든 20%든 관계없이 스펙이고 뭐고 다 내려놓고 같은 선상에서 새로운 종목으로 경쟁하게 된다고 생각하면 된다.

내가 100m 달리기는 잘 못해도 멀리뛰기나 높이뛰기나 창던지기에서는 상위 1%를 할 수 있는 것처럼 취업 전형에서도 단계가 달라지면 전혀 다른 결과가 나올 수 있다.

그러니 서류전형이 끝났다면 홀가분하게 다음 단계의 전략을 짜면 된다. 완전히 새로운 게임이 펼쳐지는 것이므로 간당간당하게 통과했다 하더라도 면접에서 일발 역전시킬 수 있다는 생각을 가져야 한다.

면접 볼 때 버려야 할 생각

면접에 대해서는 3장에서 자세히 설명하겠지만, 기본적으로는 자신감 싸움이라고 보면 된다. 나 자신을 얼마나 빛나게 하느냐의 싸움이고, 눈에 확 띄게 하느냐의 싸움이다. 그러니 서류전형을 통과했다면 일단 자신감부터 가지는 것이 중요하다.

다시 한 번 정리하면, 서류전형에서는 상위 20%나 10% 안에만 들자는 생각으로 정신무장을 하는 것이 중요하다. 100명 중에서 1등을 하고야 말겠다는 식으로 접근하면 부담백배가 되어 너무 힘들어진다. 서류전형을 통과하면 이후의 경기는 리셋되어 전혀 새로운 종목으로 다시 시작하는 것이다. '스펙이 좀 딸리는 것 같은데…', '영어 점수가 부족한 것 같은데…', '완전 꼴찌로 서류합격한 것 같은데…'와 같은 종류의 생각을 버려야 한다. 그래야 다음 면접전형에서 상위 1%가 될 수 있는 확률이 올라간다.

취업이란 관문은 사람을 간절하게 하고 마음 졸이게 한다. 그래서 어쩔 수 없이 초조해진다. 그냥 있어도 초조한 이 게임을 더 어렵게 하는 것이 무시무시한 경쟁률이다. 생각하지 않는 게 낫다. 경쟁률을 생각하면 초조함을 넘어 위축되고, '난 어차피 안 될 거야' 하는 생각이 들게 된다. 그러니 초조해지는 건 어쩔 수 없더라도 극심한 경쟁률은 염두에 두지 않는 습관을 들여야 한다. 그 대신 상위 20%, 상위 10%의 법칙만 기억하고 있으면 취업이란 높은 관문을 좀 더 의연하게 넘어갈 수 있을 것이다.

자신감이 관건이다. 경쟁률에 쫄지 마라. 상위 20%의 법칙만 생각하라. 면접은 시험 보듯 하지 말고 홍보하듯 자신감 있게 임하라.

서류전형에서 자꾸 떨어지면 어떻게?

서류전형에서 자꾸 떨어진다면 전문가의 도움을 받아 다시 쓰는 것이 좋다. 계속 떨어지는 것, 안 되는 것에는 이유가 있다. 그 이유를 모른 채 애만 쓸 게 아니라 이력서든 자기소개서든 처음부터 다시 쓴다는 생각으로 재점검을 해야 한다.

대기업의 신입사원 공채가 시작되면 취준생들은 현저히 바빠진다. 자기소개서도 써야 하고 토익점수도 만들어야 한다. 기업 분석도 해야 하고, 이런저런 유튜브 강의도 듣게 된다. 그러나 그런 것들을 준비하기 전에 먼저 알아야 할 것이 있다. 서류전형에서 번번이 떨어지는 이들의 패턴이다. 지원하는 곳마다 불합격하는 사람들의 패턴을 알아보고 본인도 이에 해당하는 것은 아닌지 점검해보아야 한다.

취업 상담을 하다 보면 면접은커녕 서류전형에서부터 떨어지니 미치겠다고 말하는 이들의 사연을 심심찮게 듣게 된다. 수십 수백 군데 지원서를 넣었는데 아무 연락도 받지 못했다며 하소연하기도 하고, 연이은 탈락으로 상처를 입었다며 눈물을 훔치기도 한다.

본인에게는 얼마나 견디기 힘든 현실일까? 왜 그런 일이 끝없이 반복되는 걸까? 스펙이 좋네 마네, 이력서를 잘 썼네 못 썼네와 같은 이야기를 떠나 취업 경쟁이라는 종목 자체를 분석해보고자 한다. 그러고 나면 본인이 왜 자꾸 떨어지는지 이해할 수 있을 것이다.

서류전형에서 떨어지는 진짜 이유

취업을 육상경기에 비유해보면 첫 번째 종목인 서류전형은 100m 달리기와 같다. 말하자면 기업별로 특별한 차이가 존재하는 게 아니라 역량이 뻔한 게임, 어디서 하건 결과가 비슷한 게임이라는 것이다.

서류전형이라는 100m 달리기를 10명이 겨루어 2명만 합격하는 게임이라고 하자. 일례로 S전자 공채의 100m 달리기를 10명이 뛰어 1등과 2등만 합격하고, 나는 아쉽게 3등을 했다. 그래서 다른 트랙으로 가서 C제당의 공채에 참가했다. 또 10명이 뛰었는데, 가만히 보니까 낯익은 멤버가 있다. 일전에 치른 S전자 100m 달리기서 1등과 2등을 차지한 친구들이 또 있는 거다. 그러면 나는 보나마나 또 3등이다. 불합격이다.

다음 날 S텔레콤 경기에 갔더니 어제 함께 뛴 친구들에 처음 본 이들이 추가되었다. 거기서 또 2명을 뽑는데 지난번 시합에서 1, 2등 한 친구들이 또 1, 2등을 차지한다. 그다음 날 참가한 L전자 경기에서도 전에 본 친구들과 새로 온 이들이 뒤섞여 있다. 10명이 뛰는 건 같은데 앞에서 1등과 2등을 차지한 그들이 빠지는 게임이 아니라 계속해서 경기에 참가하고 있는 것이다. 여기에 못 보던 경쟁자들이 늘어나는 형국이 전개된다. 결국 아무것도 바뀌지 않는다. 어제 3등 한 내가 다음에는 1등을 할 수 있어야 하는데, 1, 2등 친구들이 그대로 와서 계속 뛰는 데다 새로운 이들도 속속 유입되니 3등만 지켜도 다행이게 된다. 내 앞에 있던 친구들이 달리기를 끝내고 면접전형의 멀리뛰기를 하러 가더라도 못 보던 이들에게서 비슷한 등급이 또 나오니 3, 4등 하던 내가 1, 2등 할 기회는 영영 오지 않고 불합격이라는 결과만 지속될 뿐이다.

둘 중 하나를 선택하라

무슨 말인지 이해가 되었는가? 우리가 여기서 확실히 알아야 할 것이 있다. 대기업 공채는 서류전형에서 일종의 합격선이 있다는 것이다. 이력서든 자기소개서든 엄연한 등급이 있는데, 크게 A, B, C, D 정도로 구분된다고 보면 된다. 그러므로 스스로 판단하기에 나의 이력서와 자기소개서가 A급이 아니라고 한다면 2가지 중 하나를 선택해야 한다.

첫째, 나의 이력서와 자기소개서를 A급 레벨로 업그레이드할 방법을 찾는다.

둘째, 내가 A급으로 분류될 만한 다른 경기에서 뛴다.

다른 방도는 없다. 국가대표들이 뛰는 곳에 동네선수가 가면 결과는 보나마나다. 경기를 아무리 많이 치른다 해도 결과는 달라지지 않는다. 백전백패다.

레벨 업그레이드는 스펙을 더 쌓거나 자기소개서 등을 다시 쓰는 것이다. 그런데 전에 떨어진 자소서를 조금 더 손봐서 다른 데 지원한다 한들 결과는 크게 달라지지 않는다. 취준생들이 자소서를 쓸 때 참고하는 유튜브 방송, 카페, 블로그 등에 나오는 정보들도 별 도움이 되지 않는다. 거의 오픈 소스이고 취준생들 모두가 보고 참고하기에 등급을 올리기가 어렵다. 그러면 어떻게 해야 할까?

100m 달리기에서 1, 2등을 못할 거라면 유니폼이라도 튀는 걸 입거나 달리는 폼이라도 기가 막히게 다듬어야 한다. 거의 모두가 비슷하게 쓰는 틀에 박힌 자소서로는 답이 없다. 누가 알려준 것 같은 형식의 자소서가 아니라 1,000개의 자소서 중에서 눈에 확 들어오는 단 하나의 자소서를 써야 한다. 당신의 자소서를 다시 읽어보라. 눈에 띄지도 않고 별 재미도 없지 않은가? 인사담당자가 읽으면서 미소를 짓거나 한번 만나보고 싶다는 생각이 들게 하는 문장이 하나라도 있는가? 그렇지 않을 것이다. 요즘 세대는 다르다고 하는 사람들이 있는데, 그들의 이력서나 자소서를 보면 전에 구닥다리 꼰대들이 쓰던 것을 거의 그대로 쓰는 경우가 보통이다. 그렇게 해서는 서류전형에 응시해본들 원하는 연락을 받지 못할 게 뻔하다. 나만의 독창적인 구성과 이야

기로 인사담당자를 사로잡겠다는 생각으로 써야 한다.

어떤 형식으로든 업그레이드할 자신이 없다면 1장에서 이야기한 것처럼 하향지원을 심각하게 고려해야 한다. 대기업과 공기업이 좋다는 건 누구나 다 알지만 세상사람 모두가 일류대에 갈 수 없는 것처럼, 취준생 모두가 대기업에 들어갈 수는 없는 노릇이다. '묻지 마 지원'을 할 게 아니라 본인의 현재 상태와 경쟁력에 맞게 '소신 지원'을 하는 것이 지긋지긋한 취업 준비의 늪에서 빨리 벗어나는 지름길이다.

인사담당자가 바로 뽑는 이력서 작성법

취업 시즌이 다가오면 지원하는 기업에 따라 이력서를 다시 작성하는 것도 만만치 않은 일이다. 하지만 무엇보다 중요한 것은 경쟁력이 있는 이력서를 만드는 일이다. 경력이 있는 이직자라면 큰 어려움이 없겠지만, 취업이 처음인 이들에게는 어떤 양식을 써야 할지, 쓸 게 없을 때는 어떻게 해야 할지 어느 것 하나 쉬운 일이 없다.

그래서 이력서 양식부터 하나하나 설명해보려고 한다. 인터넷에 '이력서 양식'이라고 치면 소위 말하는 '깍두기 이력서'가 나온다. 아직도 이 양식을 쓰는 이들이 있다. 그런데 채용하는 입장에서 보면 무성의해 보이고, 내용이 충실하다 해도 어딘가 아쉬운 것이 사실이다. 그러니까 깍두기 이력서 말고 본인만의 양식을 갖추는 것이 좋다. 개성과 특색이 있는 이력서 양식이 무엇인지 전혀 감이 오지 않는다면 필자가 운영하는 'Jobfather잡파더' 유튜브채널에 댓글로 이메일 주소를 남겨라. 우리 회사에서 쓰는 몇 가지 샘플을 보내드리겠다.

파일 형식도 중요하다. 국내의 대기업들은 대부분 내부 시스템에 직접 입력하는 방식을 쓰고 있지만, 이력서 파일을 직접 제출해야 하는 경우도 있다. 그러므로 지원 회사의 요구에 맞게 제출할 수 있도록 이력서 파일을 한글, 워드, PDF로 만들어 구분해놓는 것이 좋다. 대기업이나 공기업, 기관 등은 한글파일을 사용해도 되지만, 외국계 기업에 지원할 경우에는 워드파일이나 PDF파일로 이력서를 제출하는 것이 좋다.

채용공고를 살펴보면 이력서 제출 방법에 대한 안내가 들어 있는 게 보통이다. 이메일 주소가 나오고, 파일 제목이나 형태가 구체적으로 지정되어 있다. 이것은 반드시 준수해야 한다. 별것 아니라고 생각하고 지정된 양식과 제목에 맞지 않게 제출하면 이메일 분류가 안 되어 나의 이력서가 인사담당자에게 전달되지 않을 수 있다. 파일 형태와 제목을 반드시 준수해야 한다.

보지도 않고 그냥 탈락시키는 경우

얼마 전 IT업계 인사담당자로부터 들은 얘기다. 요즘에는 구글드라이브 링크로 이력서를 받기도 하는데, 간혹 어처구니없는 일이 생긴다고 한다. 링크를 받은 사용자에게 공개되도록 설정하지 않고 혼자 볼 수 있는 상태로 두어 이력서를 열람하지 못한다는 것이다. 그는 "그런 경우에는 그냥 탈락시킨다. 기본적인 것조차 확인하지 않는 지원자를 위해 이메일이나 문자를 보내서 공유권한을 바꿔달라고 할 이유가 어디 있는가?"라고 말했다. 인력이 필요해서 공고를 냈지만 수많은 지원자들을 일일이 챙길 수는 없는 노릇이다. 인사담당자가 이력서를 열어보지도 못한 채 서류전형에서 탈락시키는 경우가 의외로 많은 것이다.

다음은 이력서 작성이 문제인데, 제일 어려운 문제는 쓸 내용이 별로 없는 경우다. 아르바이트 경험, 학교에서의 활동, 교외활동, 봉사활동 등이 하나씩은 있어야 한다. 만약 하나도 없다면 아직 이력서를 쓸 단계가 아니므로 달리 준비해야 한다.

내용이 있어도 제대로 표현하지 못하는 경우를 흔히 볼 수 있다. 편의점 아르바이트를 했다면서 언제부터 언제까지 했는지만 딱 한 줄로 쓰는 식이다. 그러니 쓸 게 없다는 소리가 나오는 거다. 단순 아르바이트로 분류되지만 사실 편의점 아르바이트는 한 줄로 쓰기가 어려울 정도로 하는 일이 많다. 고객응대, 상품 관리, 상품 진열, 매장 관리, 재고 관리, POS 관리, 프로모션 홍보, 결산, CS 업무 등을 일상적으로 하게 된다. 이러한 일들을 풀어서 서술하면 아주 훌륭한 이력서를 만들 수 있다. 아르바이트로 일하는 동안 어떤 액션을 했는지 구체적으로 정리해서 작성해보라. 그러다 보면 미처 생각지 못한 부분까지 담게 되어 내용이 풍부해지고, 인사담당자에게도 높은 평가를 받게 된다.

나의 이력서는 얼마짜리일까?

좋은 이력서를 쓰려면 이력서의 의미부터 정확히 알아야 한다. 이력서란 도대체 무엇이고, 자기소개서는 또 무엇인가에 대해 정의를 내린 다음에 작성하면 더 좋은 이력서를 탄생시킬 수 있다.

이력서는 단적으로 말해서 '나에 대한 설명서' 혹은 '기업에 보내는 청구서'라고 할 수 있다. 비즈니스적으로 이야기하면 '내가 처음으로 보내는 투자제안서'다. 말하자면 회사의 인사팀에 '나에게 투자해주세요'라며 보내는 투자제안서인 셈이다. 이력서와 다르게 자기소개서는 '나 자신에 대한 디테일한 사용설명서'라고 말할 수 있다.

100만 원짜리 휴대폰을 구입하면 제품설명서가 들어 있는데, 표지 부분을 보면 제품에서 가장 특징적인 사항과 함께 주요 스펙이 적혀 있다. 그리고 뒷장부터는 각각의 기능에 대한 디테일한 설명을 적어놓았는데, 이러한 역할을 하는 것이 자기소개서다. 또한 제품설명서에는 어떤 방식으로 어디까지 제품을 업그레이드할 수 있는지 적혀 있는데, 자기소개서에도 내가 얼마의 시간을 들여 교육을 받으면 어디까지 성장할 수 있는지에 대한 개략적인 포부를 밝혀놓아야 한다.

다시 말해서 이력서는 내가 원하는 만큼의 연봉을 달라고 기업에 보내는 청구서이고, 왜 이 같은 청구서를 보내는지 그 사유를 적은 것이 자기소개서다. 3,000만 원을 12개월 할부로 받겠다는 청구서가 이력서라면, 회사가 내게 왜 3,000만 원을 줘야 하는지 이유를 밝힌 설명서가 자기소개서라고 할 수 있다. 자기소개서에는 모든 '와이(why)'에 대한 해명이 포함되어야 한다. 왜 이 회사의 이 자리에 지원했는지, 왜 내가 이 일의 적임자라고 생각하는지, 왜 내가 채용되어야 하는지, 왜 회사가 이 연봉을 줘야 하는지 그 이유를 설득력 있게 제시해야 한다.

그래서 신입들은 이력서 쓰기를 난감해한다. '감히' 기업에 그러한 청구서를 제출하기가 어렵기 때문이다. 사실 나부터 나 자신을 어떻게 사용해야 효율적일지 잘 모르는데 어떻게 청구서를 보낸단 말인가. 그렇지만 이력서의 기본을 이해하면 어렵지 않은 일이 된다. 가령 내가 이 학교에 들어가기 위해 어떤 노력을 투자했는지, 학교에서 학점을 따기 위해 무슨 공부를 했는지, 토익점수나 자격증, 대외활동을 위해 들인 시간과 에너지가 얼마인지 보여주면서 그런 노력들이 본인의 가치를 상승시켜왔다는 점, 그러므로 회사가 지불하는 연봉은 나의 가치에 비해 가성비가 괜찮은 효율적인 투자라는 점을 강조하면 되는 것이다.

간략히 말하면 이력서나 자기소개서를 작성할 때 3,000~4,000만 원짜리 물건을 파는 문서라고 생각하라는 것이다. 그 안에 그만한 가치가 담겨 있다면 기업에서도 능히 알아볼 것이다.

시니어는 거시적으로, 주니어는 미시적으로

그렇다면 경력채용의 경우는 어떨까? 경력자에겐 이력서 작성에서 또 다른 고민이 생기기 마련인데, 구체적으로 쓰자니 이력서가 몇 장이나 되어 과한 것 같고, 짧게 쓰자니 충분히 설명하지 못하는 것 같아 어떻게 해야 할지 감이 잡히지 않는다.

경력직의 이력서는 직급과 연차, 업무에 따라 달라진다고 이해하면 된다. 연차가 적은 주니어는 아주 상세하게 적는 것이 유리하다. 채용하려는 기업에서는 주니어급, 그러니까 과장급 미만은 얼마나 다양한 업무와 경험을 했는가를 보고 판단하므로 해당 포지션과 유사한 업무를 많이 해봤다면 매칭도가 높다고 볼 수 있다. 한편 과장급 이상의 채용에서는 포괄적이면서도 간결하게 업무 기술을 하고, 추가로 성과를 제시하면 좋다. 정리하면, 주니어일수록 미시적인 관점으로, 매니징 레벨일수록 '거시적인 관점+성과'를 기술해야 좋은 평가를 받을 수 있다.

한 가지 더 중요한 팁이 있다. 채용공고나 안내를 보면 업무 내용이란 것이 있다. 'JD(Job Description, 잡디스크립션)'이란 건데, 잘 보면 기업에서 비중 있게 다루는 업무 내용과 핵심 키워드가 들어 있다. 그 업무와 키워드가 이력서에 잘 드러나도록 내용의 순서를 바꾸거나 해당 키워드를 많이 써서 이력서를 메이크업할 필요가 있다. 이렇게 하면 인사담당자들이 긍정적인 피드백을 줄 가능성이 높아진다.

명문대 출신이 아니어서 떨어졌다?!

서류전형에서 떨어지면 으레 명문대 출신이 아니어서, 학교 간판 때문에 떨어졌다고 생각하는 이들이 많다. 과연 그럴까?

실제로 명문대 출신들을 우대하는 사회적 '편견'은 존재한다. 부인할 수 없는 현실이다. 그런 현실이 답답하고 화가 나기도 하지만, 헤드헌터로서 고민도 없지 않다. 그들의 편견에 전혀 이유가 없다고 볼 수만은 없기 때문이고, 명문대를 나오지 않은 사람들에게 실질적으로 도움을 줄 수 있는 건 무엇인가를 고민하게 된다.

'세상과 기업이 바뀌어야 한다', '차별하지 말라'고 말하는 것도 중요하지만, 그리하여 시간이 지나면 세상과 기업이 바뀔 거라는 전망을 제시하는 것도 필요하지만, 왜 기업이 명문대 출신들을 선호하는지 알려주고, 그렇지 않은 친구들이 그들과 경쟁하려면 어떤 노력을 해야 하는지 현실적인 해법을 제공하는 일도 중요하다.

기업들이 명문대생을 선호하는 이유

왜 기업은 명문대 출신들을 선호할까? 여러 이유가 있겠지만, 채용 과정에서 보이는 특징들만 살펴보면 다음과 같다.

우선, 이력서와 자기소개서에서 차이가 난다. '뭐 그렇게 큰 차이가 나겠어? 어차피 공채 양식에 집어넣는 건데'라고 생각할 수 있지만, 필자가 '어센더즈'라는 채용사이트를 운영할 때 출신 학교를 블라인드 처리하고 이력서를 선별해본 적이 있는데, '참 진실되다', '잘 읽힌다', '우수하다'라고 판단된 이력서의 대부분은 명문대 출신들의 것이었다.

이력서에서 학점, 자격증, 기타 활동들의 흐름을 보면 취업 시즌에 급조해서 준비한 게 아니라 대학 입학과 거의 동시에, 적어도 2~3년간 어떤 목적을 가지고 일관성 있는 활동을 해왔다는 인상을 받는다. 그러니까 학창 시절 내내 확고한 목적을 가지고 본인의 이력서를 완성해온 느낌을 준다. 반면 경쟁력 없는 이력서는 오랜 시간을 들여 완성한 것이 아니라 서둘러 급하게 작성된 것 같은 느낌이다. 즉, 완성한 것과 작성된 것의 차이라고 할까.

자기소개서를 보면 그 차이가 더 뚜렷하다. 명문대 출신들의 경우 이력서에 기재된 내용을 바탕으로 본인이 왜 이런 활동을 했고, 왜 이런 준비를 했으며, 왜 이 회사에서 이 업무를 꼭 해야 하는지, 왜 회사가 자신을 꼭 뽑아야 하는지를 매우 논리적으로 서술한다. 단순히 '저는 이런 사람입니다' 정도의 소개서 수준을 넘어서 '저는 이런 능력을 갖춘 준비된 인재이므로 채용하라'는 제안서 수준의 설득력을 갖춘 자료라고 할 수 있다. 당연히 하루아침에 만든 자료가 아니라 오랜 시간 공을 들여 완성한 자료일 것이다. 그들은 적어도 그렇게 준비한 자료를 제출한다. 이력서 내야 하는데, 자기소개서 내야 하는데 하면서 네이버 등의 포털사이트를 대충 참고해서 칸을 채우고, 합격한 누군가의 자료를 베끼거나 흉내 내서 급조하는 이들의 이력서나 자기소개서와는 차원이 다른 것이다. 이들은 또 그렇게 급조한 이력서와 자기소개서를 매번 재활용한다. 한 번 써놓은 것을 큰 틀에서 바꾸지 않고 파일명만 바꾸어 제출한다. 이렇게 만들어진 자료가 심혈을 기울여 완성하고 수정과 진화를 거듭한 자료와 경쟁할 수 있겠는가?

분명한 목표를 갖고 오랜 시간을 들여 완성한 자료와 싫은 숙제하듯 후다닥 작성된 자료의 차이는 누가 봐도 알 수 있다. 이 때문에 기업들은 명문대 출신의 이력서와 자기소개서를 고르는 것이다.

"좋은 학교 나온 애들은 자세가 달라요"

명문대 출신들과 그렇지 않은 이들은 면접에서도 차이를 보인다. 대기업 인사팀에서 근무하는 필자의 지인이 언젠가 이런 말을 한 적이 있다.

"좋은 학교 나온 애들은 인사하는 정수리부터 달라. 눈빛도 다르고."

인사하는 자세나 보이는 태도가 다르다는 것이다.

학교에 다닐 때를 생각해보면 그 차이를 쉽게 이해할 수 있을 것이다. 숙제검사를 맡으러 선생님께 가는 마음을 떠올려보라. 정말 열심히 해서 스스로 만족스러운 친구들은 숙제검사를 맡을 때 어떤 심정일까? 선생님의 칭찬을 들을 수 있다는 기대와 설렘이 가득할 것이다. 그래서 눈빛이 반짝반짝한다. 반면에 허겁지겁 아침에 등교해서 친구가 해온 것을 마구 베낀 과제물이라면 어떨까? 글씨도 급하게 쓰느라 괴발개발이다. 숙제를 들고 가는 학생의 마음은 들킬까 봐 혼날까 봐 조마조마할 수밖에 없고 자신 없는 얼굴 표정은 굳게 굳어 있다. 베꼈다는 사실을 들키지 않고 무사히 넘어가기만을 바랄 것이다.

칭찬을 들으려고 하는 사람과 혼날까 봐 조마조마한 사람 중에서 누가 더 잘할지는 불을 보듯 뻔하다. 수년간 목표를 위해 준비하고 수도 없이 썼다 지웠다 한 사람이 그것을 말로 표현하지 못할까? 적어도 2년 이상 만들어온 내용이므로 긴장은 되더라도 하고 싶은 말, 해야 할 말을 차분히 전달할 것이다. 예상치 못한 질문에 대해서도 얼추 논리적으로 답변할 수 있을 것이다. 본인이 형성해온 흐름이 급조된 것이 아니기 때문이다.

서류와 면접에서의 차이는 드러난 것 자체로도 중요하지만 그 밑에 깔려 있는 역량의 차이가 결정적이다. 바로 '표현 능력'이다. 명문대 출신들은 표현 능력이 우수하다. 이력서나 자기소개서는 글로 나를 표현하는 것이고, 면접은 말로 나를 표현하는 것이라고 할 수 있다. 결국 표현 능력이라는 역량의 차이가 서류와 면접에서 눈에 보이는 차이로 나타나는 것이다. 그렇다면 표현 능력은 어디에서 비롯될까?

표현 능력은 독서량이 좌우한다. 명문대 출신들은 많은 책과 자료를 접한다. 대학에 들어가기 위해 읽고 소화해낸 책, 또 대학을 졸업하기 위해 섭렵한 활자의 양이 그렇지 않은 이들과 비교하기 어려울 정도다. 그들은 시험기간마다 한 과목당 평균 5권 이상의 전공서적을 영한(英韓) 구분 없이 학습한다. 책들을 읽어낼 뿐 아니라 이해하고, 이해한 걸 바탕으로 본인의 의견을 담아 답안지에 기술한다. 때로는 준비한 내용을 남들 앞에서 발표하기도 한다. 물론 이러한 학사과정은 명문대가 아닌 곳에서도 이루어지지만, 명문대생들이 이루어내는 수준과는 차이가 있다. 내가 읽은 것을 이해하고 나의 의견을 더해 설명하는 것, 이 과정을 형식적으로 대충 하는 것이 아니라 누구보다 좋은 학점을 받기 위해 치열하게 경쟁하는 과정을 거쳐 원하는 결과를 만들어내는 것이다. 그들은 잘 몰랐던 전공과정도 한 학기 정도 지나면 앞에 나가서 발표할 정도로 학습과 표현에 익숙하다. 하물며 본인 자신에 대해서는 얼마나 잘 설명하겠는가?

그렇게 목표를 이루기 위해 많은 책을 읽고, 이해하고, 그것에 대해 써내려가고, 또 발표하면서 치열하게 경쟁하는 과정이 그들을 세상과 기업이 선택하고 싶은 인재로 만들어낸 것이다.

그렇다면 어떻게 그들을 상대해야 할까? 그들과의 경쟁을 생각하기 전에 먼저 스스로를 되짚어볼 필요가 있다. 나는 얼마나 치열하게 경쟁해보았는가? 얼마만큼 읽고 이해하고 표현해보았는가? 이를 위해 얼마나 고민해보았는가?

취업 경쟁에서 승리하는 법

취업시장에서 밀려나지 않고 당당히 경쟁할 수 있는 방법은 하나밖에 없다. 표현 능력을 키우기 위해 독서량을 늘리는 것이다. 지금부터라도 관심 있는 분야, 성공하고 싶은 분야, 즐기는 분야의 책들을 찾아서 읽고 소화하는 경험을 쌓아야 한다. 더도 말고 덜도 말고 6개월 정도만 미친 척하고 그렇게 책을 가까이해보라. 스스로 뭔가 바뀐다는 느낌이 들 것이다. 잘 안 써지던 글도 곧잘 써지고, 본인이 생각하는 바를 더 조리 있게 설명할 수 있게 될 것이다.

그래도 갈 길은 멀다. 모국어의 표현력에서도 차이가 있는데, 그들은 다른 나라 언어로도 표현을 하기 때문이다. 그렇다고 포기할 일은 아니다. 계속 읽어나가다 보면 그 차이가 조금씩 줄어들게 된다. 게다가 그들은 다방면으로 독서를 했지만, 우리 후발주자들은 뒤따라갈지언정 본인이 생업을 꾸리고 싶은 영역에 집중하기 때문에 격차가 줄어들 여지가 그만큼 커진다. 결국 시장에서의 경쟁은 해당 분야에 관한 책을 얼마나 많이 읽고 소화했는가로 판가름 나는 것이다.

필자와 가깝게 지냈던, 학창 시절 공부와는 거리가 있었던 후배의 이야기다. 우리는 친하게 지내다가 후배가 고등학교를 졸업하고 지방의 어느 대학에 진학하면서 자주 만나지 못하게 되었다. 그런데 한참 후에 다시 만난 후배는 아주 유명한 광고기획사에서 어엿한 직원으로 근무하고 있었다. 의아해서 그간의 자초지종을 물어보니 한 편의 글이 그의 삶을 바꾸어놓은 것이었다. 그는 한 공모전에 자신의 글을 써서 보냈고 그 글을 바탕으로 발표까지 하게 되었는데, 그때 자리에 참석한 기업 담당자의 눈에 들어 광고기획사의 일원이 될 수 있었다. 그 말을 듣고 보니 후배는 비록 학교 공부는 멀리했지만 책을 항상 끼고 다니는 지독한 독서광이었다.

필자는 후배와 같은 사례가 더욱 많아지길 바란다. 그래서 학력만 보고 사람은 못 보는 세상과 기업들을 향해 '아니야, 조금만 더 자세히 봐봐. 한 번만 기회를 줘봐'라며 사정하고 다닐 것이다. 명문대 출신을 싫어하거나 그들의 노력을 존중하지 않아서가 아니다. 단지 출신 학교만으로 너무나 많은 것들이 쉽게 재단되고 다른 가능성은 보여줄 기회마저 찾기 어려운 현실이 안타깝기 때문이다. 현재의 위치에서 노력하고 발버둥치는 분들을 위해서다.

필자는 필자의 역할을 다할 테니 당신도 포기하지 말고 열심을 다해주기 바란다. 그냥 어떻게든 되겠지 하지 말고, 명문대 출신만 대접하는 세상이라 욕하지 말고, 목표를 가지고 책을 읽어나갔으면 한다. 그러면 설사 따라잡진 못하더라도 뒤쳐지지 않을 것이고, 언젠가는 누군가가 알아볼 것이고, 어느새 해당 영역에서 승자가 되어 있을 것이다.

필자는 명문대 출신들을 존중한다. 또한 비명문대 출신들을 응원한다. 그리고 그들 모두가 경쟁의 장에 참여할 수 있기를 소망한다. 대학에 들어가기 전의 노력이 평가받는 것만큼이나 그 이후의 노력도 평가받을 수 있어야 하기 때문이다.

3장

면접 깡패의 비밀

고백하라, 합격자처럼

이제 면접을 잘 보는 방법에 대해 상세하게 알아볼 것이다. 그전에 필자가 수많은 분들의 채용을 도우면서 경험한, 서류전형에서부터 실제 면접까지 채용의 문턱을 넘어 합격한 이들의 특징을 소개하고자 한다. 아주 사소한 것부터 중요한 흐름까지 망라한 내용을 살펴보면서 본인이 어떤 부류에 해당하는지 점검해보면 좋을 것이다.

핵심은 '자체 발광'

첫째, 합격하는 이들은 이력서에 붙이는 사진부터 다르다.

그들은 상당한 공을 들여서, 사진관에서 최근에 찍은 사진을 이력서에 붙인다. 이력서에는 대부분 증명사진을 넣기 마련인데, 이 사진이 생각보다 중요하다. 외모를 보고 채용하진 않지만, 사진에서 호감인지 비호감인지 바로 구분되기 때문이다. 사진에서부터 선입견이 생긴다는 것인데, 그 선입견의 피해자가 되어서는 곤란하다.

사진관에서 찍었지만 오래된 사진, 본인의 셀카, 잘 나온 사진 중에서 본인의 부분만 캡처한 것은 피해야 한다. 취업 시즌이 임박했다면 사진관에서 새로 사진을 찍어야 한다.

증명사진이 잘 나오게 하는 팁도 있다. 여성은 가급적 색조화장을 피하고 기초 메이크업만 살짝 해서 찍는 것이 좋다. 그래야 자연스럽고 찍은 다음 보정하기가 쉽다. 남성은 무엇보다 헤어스타일에 신경을 써야 한다. 2 대 8로 머리카락을 바짝 올려서 이마를 훤히 드러낸 모습으로 사진을 찍는다. 촌스럽다고 느낄 수 있지만, 기성세대가 생각하는 표준이나 격식에 맞춘 이미지가 좋은 인상으로 남는 것이다.

둘째, 합격하는 이들은 몸차림에 특별한 신경을 쓴다.

그들은 면접을 보기 전에 거의 상견례 수준으로 몸차림을 준비한다. 심지어 미용실에 가서 세팅하는 이들도 있다. 외모로 승부를 보겠다는 것보다는 면접 자리에서 호감을 주는 멋진 모습을 연출하겠다는 의도가 강하다. 최고의 모습을 보여주겠다는 의지를 나타내는 것이다. 사실 어떤 채용에서도 멋쟁이는 점수를 따기에 유리하다. 외모가 전부는 아니지만 생각보다 많은 작용을 할 수 있다. 그렇다면 그 부분에서 점수를 깎이고 시작해야 할 이유가 없다.

셋째, 합격하는 이들은 답변하는 태도가 다르다.

면접을 본 사람들은 알겠지만, 면접장에서는 면접관들에게 질질 끌려다니듯 답변에 급급한 모습을 보이기 십상이다. 혹여 실수라도 해서 불합격할까 봐 면접관들에게 잘 보일 수 있는 답변만 생각하기에 쫓기듯 말하는 것이다.

합격하는 이들은 다르다. 그들은 면접에서 면접관의 질문에 단순히 답변만 하는 게 아니라 본인의 업무 지식과 정보, 특별한 경험을 면접관들과 공유하고 그 과정에서 이번 채용의 적임자가 본인이라는 사실을 설득한다. 청문회에 끌려나와 죄 지은 사람처럼 덜덜거리지 않고 나를 뽑아보라는 태도로 임한다. 면접은 답변하러 가는 자리가 아니라 본인이 얼마나 괜찮은 사람인지, 능력 있는 인재인지 뽐내러 가는 자리라는 것을 충분히 이해하고 있다.

그들은 절대로 '잘 배우겠다'거나 '열심히 하겠다'와 같은 말을 하지 않는다. 그 대신 '기여하겠다', '발전시키겠다', '내가 해결하겠다'는 식으로 적극성을 보인다. 면접관들 앞에서 겸손을 떨지도 않는다. 실제로 면접에서의 겸손은 미덕이 아니라 '부족하지만 한 번만 뽑아주십시오'라고 말하는 것과 같다는 면에서 일종의 구걸이라고도 할 수 있다. 합격하는 사람은 겸손한 사람이 아니라 실력 있는 사람이고, 본인이 가진 능력의 가치를 제대로 알고 표현하는 사람이다.

그래서 필자는 면접 준비의 핵심을 '자체 발광'이라고 말한다. 빛나면 된다. 면접은 기본적으로 나는 정말 괜찮은 사람이라고 홍보하는 자리다. 출처를 알 수 없는 '꿀팁' 같은 것에 얽매여 시험 보듯 덜덜 떨면서 볼 이유가 없다. 회사는 그런 사람을 원하지도 않는다. 전혀 쫄 필요가 없다. 자랑하고 뽐내듯 뻔뻔하게 면접을 보는 것이 합격의 가능성을 높여준다. 엄마한테 오늘 학교에서 칭찬받은 이야기를 들려주는 마음과 자세로 면접관들에게 내가 이곳에 오기까지의 과정을 자랑스럽게 알려주면 되는 것이다.

2019년 우리 회사의 고객사 채용에 합격한 후보자가 그랬다. 그의 이력서는 아주 경쟁력이 있어 보이진 않았다. 그래서 그를 만나러 갈 때에도 큰 기대가 없었다. 그런데 만나서 대화를 나눈 지 얼마 안 되어 '이 사람은 무조건 합격한다'는 느낌을 받았다. '이렇게 말하는 사람도 다 있구나'라는 생각이 들 정도였다. 결과적으로 그는 필자가 제안한 포지션에 합격해서 지금도 잘 다니고 있다.

그가 보여준 것은 말 그대로 '자체 발광'이었다. 흡사 어린아이가 좋아하는 사탕을 호주머니에 한가득 넣어놓고 있는 모습, 남자가 여자친구를 위해 꽃 한 다발을 사서 등 뒤에 감춰놓고 있는 모습과도 같았다. 본인 스스로 너무 자랑스럽고 쌓아온 경력이 소중해서 자신을 알아봐 줄 사람들 앞에서 이야기를 하는 것이 가슴 벅찬 듯이 느껴졌다. 그 기분이 얼굴과 태도에 확연히 드러났다. 면접은 사람 대 사람의 만남이기 때문에 그런 모습은 모두가 알아차릴 수밖에 없다.

정리하면, 무적의 면접 방법은 본인 스스로를 매우 자랑스럽게 생각하고, 면접은 나를 자랑하러 가는 자리로 여기는 것이다. 짝사랑에게 고백하러 가는 순간이라고 해도 좋다.

고백하듯 면접하라

'짝사랑에게 고백하러 가는 순간'으로 여기라는 건 이런 뜻이다. 누군가에게 자체 발광하라고 하면 보통은 "엄청 긴장되는데 어떻게 합니까?"라는 반응을 보인다. 성격도 다르고 모두가 똑같이 뻔뻔해질 수는 없으니 그렇게 말하는 것도 인지상정이다. 그래서 짝사랑 상대에게 고백하러 가는 순간으로 받아들이라는 것이다. 고백하러 간다고 해도 떨리지 않는 것은 아니지만, 그래도 자신의 진정이 받아들여지길 바라는 마음을 표현하기 위해 노력할 것이다. 이때의 긴장은 거짓이 들통날까 봐서가 아니라 나의 진심과 최선이 제대로 전달되지 않을까 걱정되기 때문이다. 이러한 마음과 태도로 접근하면 긴장한다고 해도 해야 할 말을 할 수 있고, 면접관들도 버벅거리는 긴장과는 다르게 좋은 뜻으로 이해할 것이다.

면접은 호주머니 한가득 담은 나의 보물을, 등 뒤에 숨겨놓은 나의 마음을 반겨주고 알아봐줄 누군가에게 알리는 것이다.

면접에 무조건 합격하는 '면접 깡패'가 되려면 무엇보다 스스로를 자랑스럽게 생각해야 한다. 그리고 누군가는 분명 자신을 알아봐줄 것이라는 기대와 벅찬 마음으로 면접장에 가는 것이다.

회사는 스스로를 자랑스럽게 생각하지 않는 사람을 굳이 좋게 평가해서 채용하려고 하지 않는다. 스스로를 자랑스럽게 생각하는 사람과 함께하고 싶어 한다. 이 단순한 이치를 새겨야 한다.

면접 때 가져야 할 마음가짐

면접을 잘 보려면 그전에 해야 할 것이 있다. 기업의 입장에서 면접이란 무엇인지, 그러니까 기업은 어떤 뜻으로 사람을 불러서 면접을 보는지를 생각해보는 것이다. 그러면 후보자, 즉 구직자가 어떤 마음가짐으로 면접에 임해야 하는지를 자연스럽게 알게 될 것이다. 이것을 먼저 파악하지 않으면 면접을 잘 보는 방법에 대해 백날 이야기해봐야 피상적인 수준에 머물게 될 뿐이다.

후보자와 인사팀은 같은 편

앞에서 필자는 이력서를 청구서 또는 투자제안서라고 말했다. 면접은 그 이력서를 보낸 다음에 이루어지는 절차다. 즉, 면접은 기업이 개인에게 '당신이 보내준 이력서에 관심이 있습니다'라고 응답한 결과다. 다시 말해서 '우리는 당신의 투자 제안에 관심이 있습니다. 내용은 알겠는데 당신의 제안이 얼마나 우리의 상황과 요구 조건에 맞는지, 그리고 당신이 얼마나 진실된 사람이고 절실한 상태인지를 확인하고 싶습니다'라는 취지로 마련된 자리라는 것이다. 따라서 면접은 인사팀이 후보자 개인에게 호의를 보인 상태에서 시작된다.

그런데도 사람들은 대부분 떨면서 면접을 시작한다. '면접에 오세요'라고 하면 그때부터 과도한 긴장과 스트레스 속에서 시간을 보낸다. 물론 어느 정도의 긴장은 불가피하지만, 이때 우리가 알아야 할 것은 면접을 앞둔 시점에서는 인사팀도 후보자와 비슷한 마음이라는 사실이다. 인사팀이 하는 일은 사람을 신속하게 채용해서 필요한 현장의 직무에 투입하는 것이다. 그들도 A라는 후보자가 면접을 볼 때 '이 사람이 정말 잘했으면 좋겠다', '제발 잘해라'라고 생각한다. 적임자를 찾아야 일이 끝나기 때문에 마음속으로 그렇게 기도한다는 것이다. 그런 상태에서 후보자를 만나게 되므로 심적으로 후보자와 인사팀은 같은 편이 된다. 그러니까 크게 긴장할 필요가 없다. 엄청 긴장해서 '저들은 나를 떨어뜨리고 싶은 사람들이야', '나를 힘들게 하려는 사람들이야'라는 생각이 들지 않도록 해야 한다. 이것이 면접에서 제일 필요한 자세다.

면접은 자세를 넘어 내용도 중요하다. 위에서 정리한 것처럼 면접은 같은 편끼리 서로 같은 목표를 가지고 이야기하는 자리다. 내가 제시한 제안서를 바탕으로 나의 비전과 역량을 자세히 설명하는 것이다.

그렇다면 인사팀이 무엇을 궁금해할지, 어떤 내용으로 면접에 임할 것인지 생각해봐야 한다. 그것은 주로 '왜?'라는 질문에 대한 답변이 될 것이다.

인사팀은 후보자에 대해 다음과 같은 점들을 궁금해한다.

왜 우리 회사에 지원했나요?
왜 이 일을 하고 싶은가요?
왜 우리가 당신을 채용해야 하나요?
왜 당신이 합격해야 하나요?

사실 대부분의 이유들은 자기소개서에 쓰여 있을 것이다. 그러나 그것을 나의 감정과 제스처, 음성으로 활자가 아닌 대면으로 알려주려고 면접을 보는 것이다. 즉, 내가 생각하는 이유를 커뮤니케이션하는 것이 면접의 핵심이다.

여기서 우리는 회사 입장에서 사안을 바라보되 나 자신에 집중해서 설명해야 한다. 면접에서 사람들이 흔히 범하는 실수가 있다. "왜 우리 회사에 지원하셨습니까?"라는 질문에 회사의 이런 부분이 좋고, 이런 기술을 가지고 있고, 평판이 좋아서 지원했다는 식으로 이야기하는 것이다. 잘못된 접근이다. '왜 우리 회사에 지원했는가?'라는 질문은 회사 입장에서 재정립하면 '도대체 당신은 누구시기에 우리 회사에 지원했는가?'라고 묻는 것이다. 그러니까 당신은 뭐냐고 물었는데 자신을 빼고 회사에 대해 이러니저러니 답한 것이다. 회사 이야기는 누가 말하지 않아도 인사담당자가 더 잘 아는 부분이다. 이미 잘 알고 있는 이야기를 앞에서 하니 초장부터 엉뚱한 답변이 되는 셈이다. 인사담당자는 자기 회사가 아니라 후보자의 이야기를 듣고 싶어 한다.

이기적으로, 뻔뻔하게 말하라

'왜?'라는 질문을 받았을 때 무조건 나의 이야기를 해야 한다는 점을 명심해야 한다. 그러면 면접을 어떻게 잘 볼 것인지, 면접에서 무엇을 말해야 하는지에 대한 대략적인 답을 구할 수 있다.

면접은 무조건 이기적으로 봐야 한다. 그냥 내 이야기를 하러 간다고 생각해야 한다. 물론 일방적이어서는 안 된다. 나의 이야기가 시시콜콜한 신변잡기가 아니라 회사 입장에서 나를 구매해야 하는 이유, 내게 투자해야 하는 이유를 전달하는 차원의 이야기여야 한다. '나는 이런 사람이기 때문에 이런 선호가 있고, 이런 목표가 있어서 당신 회사에 지원한 겁니다. 나는 이러한 경험이 있고, 그중에서 성공한 사례, 잘해본 일이 있기 때문에 당신 회사에서 그 업무를 하고 싶은 겁니다'라고 얘기하는 것이다. 회사가 왜 채용해야 하는지에 대한 답변, 자기소개서에 쓰여 있는 장점, 입사 후 포부를 상세히 밝혀야 한다. 내게 이런 장점이 있으므로 회사가 이 정도의 연봉은 줘도 된다는 이야기여야 하고, 이런 비전과 목표를 가지고 있기에 반드시 합격해서 이 일을 꼭 해야겠다는 이야기여야 한다. 그래서 무조건 이기적으로 하라는 것이다.

또한 될 수 있는 한 뻔뻔하게 해야 한다. 여기서 말하는 뻔뻔함은 연봉을 4,000만 원 받고 싶다면 그에 걸맞은 커뮤니케이션 스킬을 가져야 한다는 뜻이다. 수줍어하거나, 자신이 없어 주저주저해서는 4,000만 원을 요구할 수 없다. 어떤 회사가 소심하게 접근하는 이에게 연봉 4,000만 원을 줄까? 발상을 바꿔 4,000만 원짜리 제품을 판매한다고 생각해보라. 얼마나 적극적으로 설명하겠는가. 팔고자 하는 제품에 대해 완벽하게 이해한 상태에서 상대를 설득하려 들 것이다. 12개월 할부 4,000만 원짜리 제품을 판다고 생각하고 나에 대해 적극적으로 설명하다 보면 덜 부끄러워지고 덜 쑥스러워질 것이다. 면접은 내가 4,000만 원짜리 이상임을 증명하는 자세로 보아야 한다.

최고의 제품으로 나를 세일즈하라

이미 말했지만 흔히 하는 실수라서 다시 한 번 콕 집어 강조할 것이 있다. 겸손해선 안 된다는 것이다. 면접을 보는 사람들 중에서 상당수가 특정 질문에 대해, 그러니까 '당신 이거 잘해요?'라고 물을 때 쓸데없이 겸손한 태도를 보인다. 가령 "영어 잘해요?"라고 물으면 "토익 900점은 맞았지만 커뮤니케이션 스피킹은 좀 약합니다"라는 식으로 대답한다. 왜 이렇게 말할까? 그 자리에서 영어 질문이 들어올까 봐? 그래서는 안 된다. 무조건 나의 능력을 최대한 좋게 표현해야 한다. 나와의 비즈니스가 성공한다는 확신을 주어야 한다.

휴대폰 대리점에 고객이 찾아와서 "이 휴대폰은 잘되나요? 문자는 잘 가나요?"라고 물었는데 "대체로 잘 갑니다. 근데 가끔은 안 갑니다"라고 응대해서야 제품이 팔리겠는가? 제품이든 경력이든 외국어 실력이든 무엇이든 상대가 사게 만들려면 어느 정도 포장해서 표현할지언정 겸손하게 이야기해서는 안 된다. 허위 과장 광고를 하라는 말이 아니다. 경쟁자들 사이에서 겸손하게 굴면 회사가 당신의 진면목을 파악하지 못할 수 있다는 것이다. 그동안 열심히 잘해왔다면 그 부분을 상대에게 충분히 설명해주라는 것이다. 이것이 면접에서 핵심적이고 기본적인 팁이라 할 수 있다.

종합해보면, 면접은 또 다른 세일즈다. 내가 일종의 비즈니스 제안서를 전달하고 나서 그 제안서를 구두로 얼굴을 바라보며 설명하는 것이다. 나의 경력과 제안서를 보고 마음에 든 인사담당자가 나를 불러 한자리에 모인 것이다. 그러니까 인사담당자와 나는 같은 편이고 같은 목적을 지녔으므로 너무 긴장하지 않아도 된다. 모든 '왜?'라는 질문에 이기적으로 나의 이야기를 펼쳐 보이면 된다. 상대에게 맞추어 이야기를 전달하는 게 아니라 그냥 나의 이야기를 하면 된다. 겸손해하지 말고 뻔뻔하게 말하라!

면접에서 절대, 절대 하지 말아야 할 것들

모든 일이 그렇듯이 면접이란 절차에도 '하지 말아야 할 것들'의 목록이 있다. 면접관들이 보기에 최악이라고 생각하는 면접자들, 이것만 안 해도 면접장에서 50%는 먹고 들어갈 수 있는 행동들이 있다. 정리하면 다음과 같다.

면접관들이 꼽는 최악의 면접자

첫 번째는 지각하는 면접자다.

이유는 말하지 않아도 알 것이다. 면접에 늦는 것은 일반적인 생각보다 훨씬 치명적이다. 적어도 15분 전에 도착해서 대기하는 것이 좋다. 절대로 늦지 말아야 한다.

두 번째는 복장이 불량한 면접자다.

피해야 할 복장에 대해서는 뒤에서 자세히 설명할 것이다. 아무튼 면접장에서 복장 때문에 경쟁력이 평가절하되는 일이 있어서는 안 될 것이다.

세 번째는 아이콘택트가 안 되는 면접자다.

의외로 많은 이들이 아이콘택트를 못한다. 그런데 이러면 상대에게 불안정한 인상을 줄 수 있고, 하는 말에서 신뢰를 느낄 수 없게 된다. 무조건 상대의 눈을 보고 말해야 한다.

네 번째는 지나치게 긴장하는 면접자다.

너무 긴장하는 사람 앞에 있으면 바라보는 사람도 불편하고 불안할 수밖에 없다. 긴장한 나머지 면접관에게 부담을 주는 행동을 해서는 안 된다. 안 할 수야 없겠지만 최대한 긴장을 이겨내어 자신의 실력을 보여주어야 한다. 긴장을 억제하는 것도 실력이므로 되도록 담대한 마음으로 면접을 봐야 한다.

다섯 번째는 자세와 태도가 좋지 않은 면접자다.

흔치는 않지만 자세와 태도가 불량한 경우가 있다. 예전에 대기업 채용을 진행할 때의 일이다. 아마도 임원 면접이었던 것으로 기억하는데, 후보자가 다리를 꼬고 등을 의자에 기댄 자세로 인터뷰를 했다가 떨어지고 말았다. 조금 특이한 예이긴 하지만, 다리를 꼬거나 떠는 등의 행동은 절대 삼가야 한다. 구부정한 자세도 좋지 않다. 자세와 관련한 핵심적인 팁이라면 면접관에게 본인의 명치를 보여준다고 생각하는 것이다. 그렇게 하면 자세도 좋아질뿐더러 심리적으로도 자신감이 생긴다.

여섯 번째는 미성숙한 커뮤니케이션을 하는 면접자다.

입버릇처럼 '그냥'이란 말을 붙이거나 "어… 친구가 그랬는데요"라고 말한다. "아닌데요?", "아뇨", "네?", "저기요", "근데요…", "아, 맞다!"와 같은 말투는 귀에 거슬린다. 평소에 습관처럼 쓰다 보면 면접장에서 나도 모르게 툭 튀어나올 수 있으니 유의해야 한다. 말끝마다 '다나까'를 붙여 쓰라는 말은 아니지만, 예의와 정중함이 묻어나는 말투가 면접에 도움이 되는 것은 사실이다.

버릇처럼 입에 밴 언어습관은 약이 되기도 하고 독이 되기도 한다. 한번은 이런 일도 있었다. 우리 회사 신입사원 채용에서 두 사람이 최종 경합을 벌이게 되었다. 서류전형 합격 통보와 최종면접의 일정 조율을 위해 두 사람에게 전화를 걸었다. 그런데 대비되는 언어습관 때문에 사실상 최종면접을 보기도 전에 합격자가 결정되어버렸다.

합격한 A는 "네, ○○○입니다"라면서 전화를 받았고, 불합격한 B는 "여보세요? 누구세요? 뭐라고요?"라고 말했다. "실례지만 제가 잘 못 들었습니다. 다시 말씀해주시겠어요?"라고 말한 A와 달리 B는 "네? 언제요?"라며 부정적 반응을 보였다. 최종면접에서도 두 사람의 차이는 극명했다. A는 단 한 번도 '그냥'이란 단어를 쓰지 않았던 데 비해 B는 모든 대답을 '그냥'으로 시작했다. 심지어 헤드헌터가 되고 싶은 이유를 물었을 때에도 "어… 그냥… 헤드헌터가…"라고 말했다. 예상대로 우리 회사의 직원이 된 것은 A였다.

일곱 번째는 감정 절제를 못하는 면접자다.

횡설수설하거나 '아씨, 망했다…'며 머리를 쥐어뜯거나 울음을 터뜨리는 등의 행동을 보이는 사람이 있다. 이처럼 받은 스트레스를 말이나 행동으로 표출하면 면접관에게 좋지 않은 인상을 심어줄 수 있다. 답변이 별로였거나 횡설수설했다면, 잠시 생각할 시간이 필요하다면 "다시 말씀드려도 될까요?", "너무 긴장돼서 그러는데 심호흡 한번 해도 될까요?", "잠시 생각을 정리해서 말씀드려도 될까요?"와 같이 양해를 구하고 마음을 추스른 다음 이야기를 이어가는 모습을 보여주는 것이 좋다.

여덟 번째는 회사에 대해 공부하지 않은 면접자다.

회사가 어떤 곳인지 한번 알아보러 왔다는 듯한 태도는 감점 요인이다. 사전준비를 하지 않은 사람을 면접관들이 좋아할 리 만무하다.

위에서 나열한 면접자들의 문제를 보면 당연히 하지 말아야 할 것들이다. 그런데도 잘못을 범하는 이들이 있다. 그러므로 이것만 피해도 50%는 성공이라는 생각으로 정리해두었다가 활용하면 좋을 것이다.

면접 복장은 '우아하게'

면접에서 탈락한 사유 가운데 복장이나 몸차림의 문제가 의외로 많다. 외모로 합격 여부를 결정하는 것은 아니지만, 후보자의 외양을 보고 호감과 비호감을 가리는 것은 사실이다. 그만큼 복장과 몸차림이 중요하므로 면접관들의 선부른 판단에 희생양이 되지 말고 수혜자가 되어야 한다. 장례식장에 붉은 립스틱과 빨간 구두 차림으로 가지 않듯이, 소개팅 자리에 민소매를 한 채 모자 쓰고 가지 않듯이 세상 사람들의 상식에 맞는 차림, 격에 맞는 복장과 꾸밈에 맞추는 것이 중요하다. 예의와 매너를 지켜야 한다. 얼굴이 못생겨서 떨어지진 않지만, 기준에 맞게 꾸미지 못해서 떨어지는 경우는 얼마든지 있을 수 있다.

나는 개성이 강해서 맞추기 싫다거나 패션감각이 없어서 잘할 수 없다는 사람은 한 번 더 생각해봐야 한다. 사람들이 복장과 몸차림에 대한 편견이나 선입견을 가질 수 있다는 점을 알아야 한다. 센스 없고, 사회성 없고, 유연하지 못하다며 신뢰를 떨어뜨릴 수 있다. 본인의 진짜 알맹이를 보여주기도 전에 판단이 끝나버릴 수 있다. 이렇게 되면 못생겨서도 아니고 패션감각이 없어서도 아닌, 사회성의 결여로 떨어지는 셈이다. 요즘 값싸고 질 좋은 양복이나 구두가 얼마나 많은가. 빌려주는 곳도 많다. 그런데도 준비를 못하겠다면 이미 그 자체로 사회에 부적응하는 것이고, 취업에 적극적이지 않은 것으로 판단받을 수 있다. 면접에 임박해서 아는 선배나 형, 언니한테 빌려서 해결하지 말고 평소에 본인한테 투자하는 것이 좋다. 이 또한 매우 중요한 면접 준비의 하나다.

그렇다면 면접 복장은 어떻게 하는 것이 좋을까? 앞에서도 말했지만, 기본적으로 상견례 복장이라고 생각하면 된다. 내 인생에 아주 큰 영향을 미칠 만한 자리에 초대받았다고 생각하고, 그 자리에 참석한 본인의 '우아한' 모습을 떠올려보면 좋을 것이다. 포인트는 '우아하게'다. 그렇다고 턱시도를 하거나 드레스를 입으라는 얘기가 아니다. 과한 것과 우아한 것은 다르다.

여성 면접자들에게 가장 문제가 되는 것은 과도한 화장이다. 인사담당자들로부터 자주 듣게 되는 불만도 이와 관련한 것이다. 사실 일반 직장인들은 진하게 화장하지 않는다. 진한 화장은 이상한 거부감을 주기 십상이다. 거리에서 화장한 중고등학생들을 본 적이 있는가? 지나치다는 생각이 들었을 것이다. 마찬가지다. 회사생활 10년 정도 되는 직장인들이 화장한 취준생들을 보면 비슷한 느낌을 갖게 된다. 화장은 한 듯 안 한 듯 하고 가야 한다. 눈썹을 짙게 칠하고 아이라인을 치켜올려야 할 이유가 없다. 몸매가 너무 드러나는 복장도 삼가야 하고, 화려한 네일아트나 피어싱도 그날 하루만큼은 자제하는 것이 좋다. 합격한 다음에는 하고 다녀도 상관없으니 말이다. 문신은 보이지 않게 가리고, 서클렌즈도 어두운 색은 괜찮지만 회색, 파란색, 황금색 등은 자제해야 한다. 스웩 넘치는 치장, 플렉스 명품 착용도 잠시 미뤄둬야 한다. 회사에 안정적으로 무난하게 적응할 것 같고 누가 봐도 책잡히지 않을 것 같은 느낌을 줘야 하는 것이다. 판단 기준은 동성 가족인 엄마나 누이 등의 반응이다. 복장을 보여줬을 때 아무런 태클이 없다면 잘

된 것이다. 남성들의 평가는 크게 신뢰하지 않는 편이 낫다.

남성 면접자들은 정장에 넥타이를 매는 것이 기본이다. 간혹 화장을 진하게 하는 이들이 있는데, 그럴 필요가 없다. 프로필 사진을 찍으러 가는 게 아니다. 입술에 바르는 립밤도 적당히 티가 나지 않도록 해야 한다. 남성들에게 핵심적인 부분은 헤어스타일이다. 무조건 올백이라고 생각하고 이마를 드러내야 한다. 젊은이들은 아니겠지만, 면접관으로 나온 이들의 연배에서는 이마를 가린 모습을 보고 소심하다거나 심지어 '얼뜨기 같다'고 생각한다. 본인은 원래 머리를 내리고 다녀서 올리면 무척 어색하다는 변명은 면접장에서 통하지 않는다. '원래'를 자꾸 찾게 되면 원래 집에 있던 사람이니 회사에 못 다니고 계속 집에 있게 될 수 있다. TV드라마나 영화에서 잘나가는 사람들, 대기업 회장이나 국회의원 같은 사람들의 머리 모양이 하나같이 올백이란 점을 생각하라. 그렇게 차림을 하고 나서 제일 친한 동성 친구한테 보여주었을 때 그가 파안대소하면서 "뭐야, 엄청 아저씨 같잖아!"라는 반응이 나오면 오케이다. 젊은이들 보기에는 우스울 수 있지만 그게 정석이다.

'외모만 보는 더러운 세상'이라며 탓만 하지 말고 조금만 센스 있게 꾸미면 얼마든지 더 좋은 평가를 받을 수 있다. 고집을 피우기보다 세상의 선부른 판단을 이용할 줄 알아야 한다. 예쁘고 잘생긴 사람이 아니라 자리와 격식에 맞는 꾸밈을 할 줄 아는 사람이 되자는 말이다. 개성은 취업한 다음 발휘해도 된다. 면접 복장 그대로 회사를 다녀야 하는 것은 아니기 때문이다. 일단은 취업의 관문을 통과한다는 생각으로 면접 복장의 정석에 맞추도록 하자.

탈락 사유에 숨은 진실

탈락의 경험이 없다면 좋겠지만 보통은 그럴 수 없다. 그런데 사람을 더 답답하게 하는 것은 탈락해도 진짜 이유를 알기가 어렵다는 점이다. 대부분 뭉뚱그려서 형식적으로 알려주기 때문이다. 아예 이유를 말해주지 않는 경우도 많다.

여기서는 인사담당자들이 절대로 솔직하게 말해주지 않는, 면접에서 탈락한 진짜 이유를 흔한 사례들 중심으로 풀어서 설명하려고 한다. 신규 면접과 이직 면접을 포괄하는 내용이다.

첫 번째, '태도가 적극적이지 않다'라는 이유

이 말은 '너는 면접 보러 온 사람 치고 아무런 준비가 되어 있지 않았다', 즉 '무성의했다'라는 의미다. 이런 피드백을 받는 사람들은 지원한 회사에 대해 기본적인 탐색도 하지 않았거나 본인의 이력서에 뭐가 적혀 있는지, 무슨 일을 하고 싶어서 왔다고 말해야 하는지 모르는 이들이다. 또는 꼭 합격하고 싶은데 너무 티를 내면 속물처럼 보일까봐 내숭을 떠는 이들이다. 별로 없을 것 같지만 이런 이들이 꽤 있다.

한마디로 말해서 절대 들어서는 안 될 피드백이다. 면접이 빵점이라고 생각하면 된다. 이런 피드백을 받았다면 다른 면접에서는 보다 준비를 철저히 하고, 자제하거나 내숭을 떨지 않겠다는 생각을 해야 한다. 이와 비슷한 피드백으로 '입사 의지가 잘 느껴지지 않는다'도 있는데, 이는 '왜 왔니?', '우리가 어쩌다 널 불렀을까?'라는 의미로 해석하면 된다.

두 번째, '자신감이 없어 보인다'라는 이유

이 말의 의미는 '너는 면접 보러 와서 너를 충분히 어필하지 못했어'이다. 다른 말로 '넌 쪼다 같았어'라고 할 수 있다. 이런 피드백을 받는 이들을 보면 실제로 자신감이 없는 경우가 대부분이다. 왜 자신감이 없는지를 따져보면 실력이 없기 때문으로 판명된다. 없는 실력을 키우려고 하기보다 어찌저찌 운에 맡기려는 부류다. 이런 이들에게는 자신감을 가지라고 100번을 말해도 소용이 없다. 없는 자신감을 겸손으로 포장해서 좋은 사람으로 보이려고 해도 금방 드러난다. 일단 역량을 키우는 데 힘써야 한다.

세 번째, '우리 회사의 분위기, 케미, 문화와 맞지 않을 것 같다'라는 이유

이 말은 '너는 전혀 대화가 안 되는 사람이야', '너의 옷차림은 형편이 없어'라고 해석할 수 있다. 종합하면 '음…, 너랑은 밥을 같이 먹고 싶지 않아'라는 말이다. 면접 때 너무 흥분해서 아드레날린 과다로 자기 말만 해대는 사람, 세상이 뭐라 하든 나만의 패션을 추구할 것 같은 사람이 주로 받는 피드백이다. 이런 피드백을 받았다면 감정을 조절하는 데 힘쓰고, 면접 복장이나 몸차림(그루밍) 같은 키워드로 인터넷을 검색해서 그 부분에 신경을 써야 한다.

네 번째, '채용 기준보다 경력(연차)이 부족하다(넘친다)'라는 이유

이 말은 어떻게 해석할 수 있을까? 먼저 경력이 부족하다는 피드백은 이력서만 봤을 때는 경력이 좀 짧아도 잘할 것 같았는데 면접 실력이 형편없었다, 즉 '너의 이력서는 사기야'라는 뜻이다. 또한 경력이 넘친다는 피드백은 연차는 길지만 실제로 만나 보니 깊이가 없네, 실력에 비해 바라는 게 많아 어렵겠다, 즉 '너는 거품이 있다'라는 뜻으로 해석할 수 있다. 주로 경력직에 대한 피드백이므로 상황에 맞춰 면접 준비를 다시 하거나 요구 수준을 조정하는 등의 재정비를 한 후 다음 채용에 도전하는 것이 좋을 것이다.

다섯 번째, '요구하는 연봉 수준이 너무 높다'라는 이유

이것도 경력직에 대한 피드백인데, 면접 이후 연봉협상 과정이 아닌 상태에서 받은 피드백이 이렇다면, 면접을 보기 전에는 다소 연봉이 높아도 괜찮아 보였고 면접만 잘 보면 맞춰줄 생각이었는데, 막상 면접을 보면서 다시 생각하니 '이 돈 주고는 널 절대 뽑지 않겠어'라는 의미로 해석하면 된다.

위 피드백들은 가장 일반적인 형태에 속한다. 면접에 대한 피드백을 받았는데, 뭔가 석연치 않고, 이해가 잘 안 되거나, '그럴 거면 왜 날 보자고 했지?'와 같은 느낌이 들었다면 보통 위에서 설명한 5가지 중 하나일 것이다. 스스로 면접 스킬 향상에 힘써야 한다.

사실 인사팀의 피드백은 구체적이기 어렵다. 떨어뜨린 것도 미안한

데 탈락 사유를 적나라하게 알려주는 것은 우는 놈 뺨 때리는 격이 되므로 평이한 표현의 피드백을 주는 것이다. 그러니까 받은 피드백에서 행간을 잘 읽고 재정비를 해야 한다. 피드백이 없는 경우라도 보통은 위의 사유들 중 하나일 테니 본인이 어디에 해당하는지 곰곰이 생각해보고 보완해야 할 것이다.

채용 전문가가 알려주는 영어면접 꿀팁

사람들이 취업이나 이직 과정에서 가장 부담스러워하는 단계가 영어면접이다. 외국계 기업 전문 헤드헌터로서 수천 케이스의 영어면접을 코칭하면서 반복했던 이야기들을 정리해서 소개한다.

'플루언트'는 '유창한'이 아니다

그동안 필자가 진행해온 거의 모든 포지션은 영어 커뮤니케이션 가능자를 대상으로 한 것이었다. 이력서도 영문으로만 받아서 검토하고, 기업에서 제공하는 'JD(잡디스크립션)'도 영어로 쓰여 있다. JD의 '리콰이어먼트(requirement, 자격 요건)'를 보면 '플루언트 인 잉글리시(fluent in English, 영어가 유창할 것)'라고 적혀 있는 경우가 많다.

여기서 한 가지 알아야 할 것(1장에서도 언급했지만)은 채용사의 채용 공고나 JD에 적혀 있는 자격 요건은 무조건 맞춰야 한다는 의미가 아니라 채용상의 희망사항, 이상형을 말한다는 것이다. 완벽한 나의 이상형이 나와야만 소개팅에 나가는 것이 아니듯 자격 요건에 완전히 부합해야 면접을 보고 취업할 수 있을 거라 지레 겁먹을 필요가 없다.

'플루언트 인 잉글리시'라고 했지만 '원어민의 수준'을 요구하는 것은 아니다. 대략 중급(intermediate) 정도면 되는데 여기에 희망사항을 더해 '플루언트 인 잉글리시'라고 표기한 것이다. 그래도 외국계 기업은 일반적으로 토익점수 800대 후반은 되어야 도전해볼 수 있다. 이때 2년 정도 지난 토익점수는 안 쓰는 이들이 있는데, 경력자라면 몇 년 지난 점수를 기재해도 무방하다. 꼭 새로 시험을 보지 않아도 된다.

영어면접까지 고려하는 이들이라면 영어를 웬만큼 하면서 외국계 기업에 관심이 있다고 할 것이다. 그런데 해외에서 오랜 시간 체류한 이들이 아니면 영어면접을 부담스러워하는 것이 보통이다. 그래서 많은 이들이 비슷한 질문을 한다.

영어면접은 무조건 해야 하는가?

누구와 영어면접을 보게 되는가?

무엇을 물어보는가?

'플루언트'는 어느 정도 수준인가?

면접관은 한국 사람인가?

이런 질문을 하는 이유는 영어면접이 부담스럽기 때문이다. 처음에는 약간 부담을 느끼다가 영어면접 시점이 다가올수록 자신이 없어진다. 면접 때에는 "영어 잘해요?"라고 물으면 "요즘 잘 안 써서…, 준비를 해야 합니다…"라는 답변이 튀어나온다. 토익 900점이 넘는 사람들도 이렇게 말한다. 그런데 그렇게 말하면 안 할 면접도 하게 된다. 잘한다고 하고 자신감이 있어 보이면 생략하려고 했는데 약한 모습을 보이니까 검증해봐야겠다는 생각을 갖게 되는 것이다.

면접을 보기 전에 반드시 알아두어야 할 몇 가지

재미있는 사실은 영어면접을 보는 사람들 대다수가 토익점수 800대 후반이거나 900점을 넘는 경우도 있다는 것이다. 필자는 몇 년 전, 토익이 거의 만점에 가까운 이가 영어면접에서 떨어지는 것을 본 적이 있다. 인사팀에서 받은 피드백은 '영어 커뮤니케이션이 안 되어서'였다. 그에게 확인을 해보니 '안 틀리려고 하다 보니까 대화가 안 되고 중간에 막혀서 말을 못했다'고 했다.

여기서 알아챈 것이 있는가? 인사팀의 피드백은 커뮤니케이션, 즉 '의사소통이 안 되어서'였는데 후보자는 틀리지 않으려고 했다는 것이다. 후보자는 영어로 커뮤니케이션을 하는 자리에서 시험을 본 것이다. 그래서는 안 된다. 영어면접은 커뮤니케이션을 하는 자리이지 시험을 보는 자리가 아니다. 말하기 시험이 아니라 영어를 사용하는 누군가와 대화가 되느냐 안 되느냐를 확인하는 것이다. 우리도 문법과 어법 다 틀리면서 우리말로 소통하고 이해하는데 어떻게 남의 나라 말을 전혀 틀리지 않고 사용할 수 있는가. "점심? 점심?"이라고만 해도 점심 먹으러 가자는 말로 알아듣고, 조금은 엉터리로 줄여 말하고 빼먹고 말해도 소통이 된다. 그런 게 대화다. 그러니 절대 영어면접을 시험 보듯 준비할 필요가 없다. 편하게 대화하는 정도의 수준이면 된다.

발음과 속도에도 필요 이상으로 신경을 쓰는데 그럴 필요가 없다. 발음이 안 좋아서, 말하는 속도가 느려서 영어를 못한다고 하지는 않는다. 전에 만난 한 외국인 임원은 필자가 소통만 되게 하자는 생각으로 아주 천천히 말했는데 더 천천히 해도 된다고 말해주기도 했다. 비즈니스 관련 커뮤니케이션이므로 내국인들끼리 수다 떠는 수준으로 할 필요가 없는 것이다.

어떤 사람은 외국 사람하고는 영어로 대화하는 게 자연스러운데 같은 한국 사람끼리는 민망해서 부담스럽다고 말하기도 한다. 하지만 오히려 더 낫다. 모국어가 아니어서 정확히 말하지 않아도 틀린 줄 모르니까 장단 맞춘다 생각하고, 문법 생각하지 말고, 입에서 나오는 대로 말하면 된다. 외국인이 면접관인 경우에도 모국어가 영어가 아니란 걸 알기 때문에 더 배려해준다. 문장을 완벽하게 구사하려 하지 말고, 발음이나 속도에도 너무 신경 쓰지 말고, 나오는 대로 천천히 말하면 되는 것이다.

정리하면 이렇다.

- '플루언트 인 잉글리쉬'에 쫄지 마라. 그냥 할 줄 알면 된다는 뜻이다.
- 영어면접은 의사소통 여부를 가늠하는 것이지 경쟁도 경진대회도 시험도 아니다. 완벽한 문장을 쓰려고 애쓰지 말자.
- 천천히 말하고, 발음도 크게 신경 쓰지 말자.
- 한국인과의 영어면접은 오히려 더 편할 수 있다.

답변이 충분하지 못했다는 생각이 들면 다시 하겠다고 양해를 구하고, 알아듣지 못했으면 아는 척하지 말고 사실 그대로 말해도 괜찮다. 알아듣지 못했는데 아는 척했다가 들통이 나면 문제가 훨씬 심각해질 수 있다. 중간에 막히면 잠깐 시간을 달라고 해도 된다. 실제 의사소통에서 있을 수 있는 일이기 때문이다.

900점이 넘는 토익점수에도 완벽한 영어를 구사하려는 욕심 때문에 영어면접에서 떨어지는 우를 범해서는 안 된다. 위 내용을 숙지하여 후회 없이 원하는 결과를 얻기 바란다.

합격률이 낮은 화상면접 통과하기

필자는 헤드헌터로 일하면서 비대면면접, 즉 화상면접을 수시로 진행해왔다. 해외의 후보자들을 대상으로 진행하기도 했고, 본사 면접을 위해 진행하기도 했다. 요즘에는 화상면접의 중요성이 더욱 커졌는데, 코로나19로 많이 확산되는 추세다. 대면으로 면접을 보기가 불안하니 화상면접으로 대체하는 경우가 늘었기 때문이다.

반응은 비교적 괜찮은 편이다. 직접 해보니 채용사나 후보자 모두 크게 불편하거나 제한적이라고 느끼지 않는 것 같다. 향후에 코로나19 사태가 해결되더라도 1차 면접만큼은 화상으로 진행할 수 있을 것이라는 기업이 속속 생겨나고 있다. 미래에는 화상면접이 상당히 보편화될 것으로 보인다.

비대면 화상면접은 시간이나 장소에 대한 제약이 없고 녹화 및 공유도 가능해서 다시 보거나 다른 사람에게 리뷰하면서 설명할 수 있다는 장점이 있다. 반면 현장감이 떨어지고 통신이나 기기 상태에 따라 진행이 원활하지 않을 수도 있다. 그리고 아직은 '한 번 정도는 직접 만나야지'라고 생각하는 전통적인 채용 개념이 존재해서 화상면접 이후 대면면접을 거치는 경우가 많다. 하지만 그렇다고 해서 중요도가 떨어지거나 준비를 덜해도 되는 것은 절대 아니라는 점을 명심해야 한다.

화상면접 시의 준비사항 및 주의사항을 정리하면 다음과 같다.

면접 전에 준비할 것들

쾌적하고 조용한 장소

와이파이나 인터넷 사용에 제한이 없고 주변의 소음이 적은 쾌적한 장소에서 진행하는 것이 좋다. 자택에서 하는 이들도 있는데, 정리가 안 된 내부가 보일 수 있으니 주의할 필요가 있다. 가급적 독립된 공간이 있는 조용한 카페나 공유오피스를 이용하는 것이 낫다. 한적한 일반 카페에서 진행해도 괜찮지만, 이어폰을 꼭 준비해야 한다.

화상면접 툴 다운로드 및 아이디 생성 후 인사팀과 공유

화상면접에서는 주로 MS팀즈, 줌, 스카이프나 구글, 듀오 등의 툴을 사용하는데, 채용사에서 제공한 화상면접 채널 아이디를 미리 생성해 놓아야 한다. 면접 그룹링크 접속도 시험해본다. 나중에 있을지 모를

혼란을 방지하는 데 도움이 된다. 대면면접에서 지각하면 안 되는 것처럼 화상면접에서도 시작 15분 전에 접속해서 대기 상태를 체크한다. 시간에 임박해해서 허둥거리는 모습을 보이면 시작하기도 전에 IT 활용 능력이 떨어지는 사람으로 낙인찍히거나 준비성이 없는 지원자로 보일 수 있다.

면접에 걸맞은 복장과 몸차림

화상면접에서도 몸차림은 매우 중요하다. 대면면접만큼 복장이 중요하므로 간편한 차림은 곤란하다. 화상면접 차림이 따로 있는 것은 아니지만 더 편하게 해도 되는 것은 아니미로 대면면접과 같은 차림이라고 생각하는 것이 좋겠다.

화면이 처음 켜졌을 때 본인의 얼굴이 크게 클로즈업되면 왠지 어색하고 민망해질 수도 있다. 여러 변수를 고려하여 몸차림에 신경을 써야 한다.

카메라 앵글 밖에 면접 준비자료를 준비

화상면접의 특성 중 하나는 자료 활용이 가능하다는 점이다. 그동안 준비해둔 자기소개서나 예상 질문의 답변, 지원 사유, 본인의 장단점 등 참고할 자료들을 카메라 앵글 밖에 미리 펼쳐두고 말문이 막히거나 할 때 활용할 수 있다. 잘 보일 수 있게 크게 만들어놓는다.

여분의 이어폰

비상용으로 여분의 이어폰도 준비한다. 아이폰이나 아이팟 등 무선의 블루투스 이어폰이 좋지 않은 상태를 보일 때 쓸 수 있도록 유선 이어폰을 따로 준비해두는 것이 좋다.

면접 볼 때 주의할 것들

카메라 앞에서 당황하지 않기

사람들은 대부분 카메라 앞에서 당황하거나 민망해한다. 그래서 자기도 모르게 면접관들이 다 보는 앞에서 입을 가리거나 손부채질을 하고, “아, 대박!”, “아유~ 창피해”, “헐, 어쩌지?”와 같은 혼잣말을 내뱉곤 한다, 대면면접이 아니라고 쉽게 생각했다가 카메라 화면에 나오는 본인의 얼굴을 보고는 민망해서 어쩔 줄 모르는 경우도 생긴다. 이러면 면접 분위기가 흐려지고 자칫 망칠 수도 있으므로 사전에 카메라에 적응하는 연습을 해두어야 한다. 그러면 당황하는 일 없이 자연스럽게 면접을 치를 수 있다.

카메라 앵글 체크

이것은 대면면접에서 몸차림을 챙기는 것과 비슷한 개념이다. 카메라 앵글을 미리 체크해서 본인의 모습이 어떤 각도로 화면에 나오는지를 파악해두어야 한다. 그렇지 않으면 콧구멍만 크게 보이는 민망한 상황이 벌어질 수도 있으니 반드시 사전에 체크해야 한다.

목소리도, 액션도 크게

화상면접은 특성상 현장감이 떨어질 수밖에 없다. 그래서 실제보다 더 크게 행동해야 한다. 액션이나 표정도 약간 오버해서, 목소리도 세기와 톤을 높여야 한다. 일반적인 전화 통화처럼 하거나 무덤덤한 표정으로 이야기하면 화가 났거나 무성의하게 보일 수 있다. 목소리와 제스처를 평소보다 더 크게 해야 한다는 점을 꼭 기억하고 면접에 임해야 한다.

돌발 상황에서 순발력 있게, 침착하게 대응하기

갑자기 통신 상태가 불량하거나 연결이 끊기는 돌발 상황이 벌어지면 당황하지 말고 자신의 상태를 바로 이야기해야 한다. 상태가 좋지 않음에도 말하지 않고 그냥 있으면 오히려 열심히 준비한 면접을 한순간에 망칠 수 있다. 즉시, 적극적으로 양해를 구해서 조치를 취하고 정상적인 상태에서 진행하도록 한다. 혹 자택에서 진행하다가 가족이 벌컥 문을 열고 들어오거나, 전화벨이 울리거나, 택배기사가 와서 초인종을 누르거나, 반려동물이 짓는 등등의 일이 발생할 수 있으니 미연에 대비해두어야 한다.

그동안 수많은 화상면접을 진행해오면서 발견한 사실이 있다. 화상면접의 합격률이 대면면접의 합격률보다 저조하다는 것이다. 화상면접 특유의 어색함이나 한계도 있겠으나, 화상면접이라고 해서 가볍게 여기거나 준비가 부족한 탓도 큰 것 같다. 여러 번 말했지만 화상면접도 대면면접과 같은 절차와 중요성을 갖는다는 점을 잊지 말았으면 한다. 친한 친구와 충분한 연습을 해보면 좋을 것이다.

4장

이직은 언제,
어떻게 하는 것이 좋을까?

이직에 성공하는 사람과 꼴불견

연말연초는 어느 때보다 채용이 많은 시기다. 그래서 많은 이들이 이직의 기회를 엿보려고 한다. 그들 중 누가 이직에 성공하고 누가 실패할까?

이직을 생각하는 사람들의 채용을 도와주면서 이직에 성공하는 이들의 특징과 헤드헌터가 보기에도 챙겨주기 싫은 꼴불견 유형을 정리할 수 있었다. 이직을 준비하는 이들에게 좋은 참고가 되었으면 한다.

이직에 성공하는 사람은 '시간'을 갖는다

이직에 성공하는 사람들은 그렇지 않은 사람들과 다른 모습을 보여준다. 더 정확히 말해서 헤드헌터에게 다음과 같은 태도와 인상을 주는 사람들은 대체로 좋은 결과를 보인다.

첫째, 지원 의사를 신중하게 표현한다.

그들은 헤드헌터의 전화 한 통에 혹해서 바로 이력서를 보내거나 냉큼 지원 의사를 밝히지 않는다. 보통은 하루, 길게는 일주일 정도 숙고한 후에 지원 의사를 결정한다. 다시 말해서 즉흥적이지 않고 사전 조사를 충실하게 하면서 이번 지원이 본인에게 갖는 의미 등을 충분히 고민하는 것이다. 이직 제안을 받았을 때는 거절을 하든 진행을 하든 시간을 갖고 충분히 생각한 다음 결정해서 진행하는 것이 낫다.

둘째, 이력서 보내는 단계부터 상당히 꼼꼼하게 신경을 쓴다.

이직에 성공하는 사람들은 이력서를 그냥 보내지 않는다. 예전에 썼던 것, 다른 곳에 지원했던 것 그대로 사용하지 않는다. 시간상 어쩔 수 없어 같은 내용을 보내더라도 파일명만큼이라도 바꿔서 제출한다. 헤드헌터에게 이력서를 보내는 과정에서도 실수나 실례가 없도록 애를 쓴다. 경험이 쌓이다 보니 필자는 후보자가 이력서를 보내는 메일만 봐도, 파일명만 봐도 될 만한 사람인지 아닌지 알 수 있게 되었다. 이렇듯 합격하는 이들은 이력서 자체는 물론 이력서를 송부하는 과정까지 신경을 쓴다.

셋째, 모든 과정에 성의가 있다.

앞의 내용과 비슷한 이야기다. 그런데 합격하는 사람들이 과정 하나하나에 성의를 다하는 이유가 있다. 그들은 다른 사람들과 달리 이직하는 과정을 물리적 이익이든 심리적 만족이든 어떤 형태로든 내게 플러스가 되는 '투자활동'으로 인지하여 지극히 공을 들인다.

이렇게 생각해보자. 2~3주 정도 집중해서 준비하면 소득이 200만 원에서 300만 원 올라간다고 가정해보자. 그러면 어떻게 할까? 다들 눈에 불을 켜고 준비할 것이다. 사실 이직활동도 같은 맥락이다. 연봉을 올리는 일이고, 직업만족도를 키우는 일이다. 게다가 새로운 직장을 구하는 일이다. 모든 정성과 노력을 다해야 한다. 그래도 될까 말까다. 되면 좋고 안 되면 어쩔 수 없다는 식으로 접근하는 사람은 성의가 없는 정도가 아니라 실력이 없다고 평가될 수 있다. 정성과 노력을 다하는 법을 아는 것도 실력이란 의미다.

넷째, 매 순간 솔직하고 본인의 경력에 자부심이 있다.

그들은 본인 스스로 감추거나 꺼리는 게 없으므로 정보 공유에 주저함이 없다. 이직을 진행하는 과정에서 헤드헌터에게 연봉 정보를 공유하는 것에 부담을 느끼는 이들이 있는데, 대부분은 연봉이 생각보다 낮은 이들이다. 본인의 연봉 수준이 부끄럽고, 남들보다 적게 받는다는 사실을 스스로 알고 있는 것이다. 종합적으로 보면, 이들의 연봉이 상대적으로 낮은 이유가 채용 과정에서 보이는 모습에서 발견된다. 숨기고 꺼리는 사람이 높은 연봉을 받기는 어렵다.

사실 채용 과정에서 특별히 숨기거나 기만할 수 있는 것들도 거의 없다. 채용하는 사람들은 후보자의 눈빛이나 말투만 봐도 그의 상태를 알 수 있다. 뭔가 감춰야만 하는 상황이라면 그 사람은 아직 이직할 때가 아니다. 숨겨야 할 무언가가 있다면 그냥 다니는 회사에서 가만히 있어야 한다. 뭘 감추려는 사람은 아무리 호랑이인 척해도 고양이 티가 나게 마련이다. 자신의 커리어에 떳떳하고 자부심이 있어야 남들에게도 좋은 인상을 줄 수 있고 합격할 수 있는 것이다.

다섯째, 헤드헌터의 조언에 귀 기울이며, 하나라도 더 많은 정보를 얻기 위해 노력한다.

그들은 헤드헌터의 말에 집중할뿐더러 수시로 문의하고 요구함으로써 헤드헌터에게 본인을 아주 유연하고 적극적인 후보자로 인지시킨다. 헤드헌터 역시 이러한 후보자에게 더 관심을 갖고 하나라도 더 도와주고 싶은 마음을 품게 된다. 헤드헌터의 역량을 보여주고 싶게 되는 것이다. 헤드헌터라면 누구나 후보자를 합격시키고 싶어서 안달이 난 사람이고, 후보자가 면접을 보러 가는 날에는 경건한 자세로 기도를 올리기까지 한다.

헤드헌터를 잘 활용하는 후보자가 합격할 확률도 높다. 비즈니스적으로 봐도 적극성을 보이는 그가 남들보다 합격 가능성이 높기 때문에 헤드헌터가 더 집중해서 도와주게 된다. 물론 감정적으로도 그런 사람을 더 열심히 도와주고 싶어지는 것이 사실이다.

이직에 실패하는 사람들의 유형

다음으로 자기 몸값을 깎아먹는 행위, 이직을 어렵게 하는 못난 모습, 이른바 꼴불견 유형에 대해 알아보려고 한다.

사실 이런 사람들은 추천조차 하기 싫어진다. 어차피 추천해봐야 떨어질 가능성이 높고, 잘못하면 헤드헌터까지 욕을 먹게 되기 십상이기 때문이다. 만약 당신이 헤드헌터한테 전화를 받고 이런 행동을 한다면 당신을 꼴불견 취급할 수 있다는 사실을 염두에 두어야 한다.

첫째 유형은 전화를 받자마자 "연봉 얼마 줘요?"라고 묻는다.

연봉이 궁금한 게 당연하지만, 헤드헌터가 이런 이를 만나면 '지금 하는 일이 본인에게 별 볼일 없구나', '본인의 커리어 발전에 대해 큰 의미를 두지 않는구나'라는 생각을 갖게 된다. 또한 채용의 기본이라든지, 세상 돌아가는 물정을 모르는 사람이란 생각이 들어서 포지션 제안할 의욕이 사라지게 된다.

연봉에 대해서는 5장에서 집중적으로 다루겠지만, 기본적으로 모든 채용 과정에는 채용사의 '니즈', 즉 요구사항이 있게 마련이다. 이 니즈는 회사에서 원하는 포지션의 시급성과 중요도, 그리고 연봉 테이블에 따라 어느 정도 정해져 있다. 여기에 후보자의 역량이 결합해야 하는데, 그 역량이란 보통 면접의 결과다. 그러니까 이런 요소들에 따라 달라지는 것이 연봉이지 결코 미리 알 수가 없는 것이다. 따라서 "연봉 얼마 줘요?"라는 질문은 처음 헤드헌터에게 전화를 받는 시점에서는 사실상 무의미하다. 이런 이야기는 나중에 연봉협상할 때 해야 하는 것이다.

둘째 유형은 카더라 통신에 의존한다.

자꾸 "누가 그러던데…", "친구 아는 사람이 그러는데…"라면서 부정확한 정보를 헤드헌터의 제안과 비교하는 이들이다. 헤드헌터 입장에서는 정말 채용을 진행하기 싫은 유형이 아닐 수 없다. 아는 사람의 이야기라는 식의 이야기들 대부분은 후보자에게 도움이 되지 않는다. 각각의 사정과 상황이 다르기 때문에 그렇게 몇 마디의 요약된 버전으로는 이면합의를 할 수도 없다. 헤드헌터는 본인의 이름을 걸고 고객사와 오랜 비즈니스 관계를 통해 얻은 믿을 만한 정보를 제공하는 사람이다. 출처도 신빙성도 불분명한 정보와 비교하면서 저울질하면 맥이 빠질 수밖에 없다.

셋째 유형은 미팅 진행을 거절한다.

만나자고 할 때 '왜 만나야 하나. 이제껏 만나자고 한 헤드헌터는 없었다'면서 미팅 자체에 대해 의심 어린 눈초리를 보내는 이들이 있다. 하지만 미팅은 반드시 해야 한다. 사실 이런 이들을 보면 괄불견이라기보다는 답답하고 안타까운 마음이 든다. 필자는 이런 이들과 무조건 만남을 성사시켜서 왜 헤드헌터와 미팅을 해야 하는지 깨닫게 해주려고 노력하는 편이다.

넷째 유형은 채용계약서에 회사 규정 외의 사항을 기재해달라고 한다.

일반적으로 회사의 채용계약서에는 확실한 사항, 변동 가능성이 없는 내용만 기재하므로 변동급(인센티브)은 기재하지 않는 것이 보통이다. 승진을 약속한다든지, 내년에는 어떻게 대우해준다는 등 후보자 개인에 국한된 변동사항은 명시하지 않는다. 그런데도 요구사항을 계약서에 기재해달라고 주장하는 이들을 보면 나만 특별대우해달라는 어리광처럼 보인다. 입사하기로 결정했다면 회사를 믿고, 본인의 능력을 믿고 가야 한다.

다섯째 유형은 다니던 회사의 '카운터 오퍼'에 잡혀 이직을 포기한다.

필자는 이왕 퇴사를 '노티스'했다면 다니던 회사의 '카운터 오퍼'에 붙잡히지 말고 무조건 이직하는 것을 추천한다. 그 이유는 뒤에서 자세히 설명할 것이다.

여섯째 유형은 무조건 사무직만 고집한다.

우리 회사는 스토어 채용도 많이 진행하는데, 종종 좋은 제안을 해도 무조건 '사무직만 희망한다'고 하는 이들이 있다. 무슨 일이든 사무직만 고집하고 막연하게 사무직이면 다 좋다고 말하는 이들이다. 그런데 세상의 일이란 현장직과 사무직만으로 나눌 수 있는 것이 아니다. 사무직이든 뭐든 내가 하고 싶고 잘할 수 있는 일, 내 꿈과 비전에 맞는 일을 해야 하는 것이다. 별 생각도 없이 무조건 사무직 타령을 하는 이들은 좀 걱정스럽다.

이러한 태도들이 헤드헌터에게 꼴불견 유형으로 보인다는 사실을 알아두어야 한다. 이 같은 태도들만 주의하고 지양해도 헤드헌터들로부터 더 많은 도움을 이끌어낼 수 있을 것이다.

이직의 조건, 이직의 오해들

입사한 지 얼마 안 된 시점에서 이직을 고민하는 이들이 주변 사람들에게 한 번쯤은 들어봄직한 말이 있다. "그래도 2년은 채워야지"라는 말인데, 막상 물어보면 왜 그래야 하는지 제대로 말해주는 사람이 없고, 왠지 2년은 근무해야 불리하지 않을 것 같은 그런 느낌만 든다. 왜 1년은 안 되고 2년이라고 말하는 걸까?

'이직하려면 2년은 채워라'는 말의 진짜 의미

일단 이 말은 현실적인 것이다. 적어도 재직한 회사에서 2년은 다녀야 이직 채용에서 경력으로 인정해주는 게 사실이다. 이유는 회사에 입사해서 해당 업무의 모든 국면을 두루 경험할 수 있는 기간이 2년 정도라고 보기 때문이다. 일반 기업에서 업무 수행 과정을 살펴보면 연말에 당해의 업무 실적을 평가하여 도출된 문제들을 점검하고, 신년 초에 새로운 목표와 과제를 확정해서 1년간 실행하고 연말에 다시 평가하게 된다.

다시 말하면 회사에서 이루어지는 업무는 크게 기획, 실행, 평가 단계로 나눌 수 있는데, 올해 입사한 사람은 사실상 작년에 전임자가 기획한 업무를 실행하게 된다. 그래서 본인이 실행하긴 했지만 처음부터 본인이 기획한 것이 아니라 배경이나 상황에 대한 이해의 깊이가 부족한 상태로 업무를 수행하게 된다. 그러면 올해 연말에 평가를 받더라도 반쪽짜리 성과이고 평가일 수밖에 없다. 입사한 첫해는 그렇게 평가를 받게 되고, 다음 해가 되어야 본인이 직접 기획하고 실행하고 평가받는 과정을 온전히 다 거치게 되는 것이다. 그래서 2년은 해야 한다고 이야기하는 것이다. 결국 입사한 회사에서 어떤 업무의 모든 국면을 다 경험했다고 간주할 수 있는 기간이 최소 2년이라고 보는 것이다.

채용사는 업무 완성도가 높은 인재를 뽑으려고 하는 것이 당연하다. 한편으로 지원자 본인 또한 해당 업무를 2년 정도는 해봐야 채용사에 본인의 경력을 자신 있게 설명할 수 있다. 간혹 1년 만에 이직하는 경우들이 있지만, 채용 과정에서 비슷한 업무를 수행한 2~3명의 후보자들이 경합한다고 할 때 1년 만에 이직한 후보자보다는 2년 이상 근무한 후보자가 더 유리한 것이 사실이다.

재직 중 이직이 좋을까, 퇴사 후 이직이 좋을까?

이 또한 이직을 준비하는 이들이라면 한 번쯤은 생각해봤을 법한 문제다. 재직 중 이직활동을 하는 것이 좋을까? 먼저 퇴사하고 이직활동을 하는 것이 좋을까? 물론 개인차가 있겠지만, 먼저 2가지 경우의 장단점을 각각 살펴보자.

재직 중 이직의 장단점

장점: 이 케이스의 장점은 경력 단절의 위험이 없다는 것이다. 무엇보다 연봉협상에 유리하다. 그리고 내 스케줄에 맞게 인터뷰 일정을 잡을 수 있다. 의외라고 생각하는 이들이 있을 텐데, 그 이유는 곧이어 설명하도록 하겠다.

단점: 회사생활을 하면서 면접을 준비하느라 상당히 고될 수 있다. 그리고 면접 일정 때문에 본의 아니게 휴가나 반차를 소진할 수 있고, 들어가려는 회사의 인사팀에서 레퍼런스 체크, 즉 평판조회를 하는 과정에서 본인의 이직활동이 현재 회사에 노출될 우려가 있다는 점이 문제다.

퇴사 후 이직의 장단점

장점: 아무래도 시간이 많으니까 편하게 준비할 수 있다. 그리고 평판조회에 대한 부담이 없다는 장점도 있다.

단점: 연봉협상할 때 주도권을 쥐지 못할 가능성이 있다. 이 말인즉

슨, '튕기지' 못하고 주는 대로 받게 될 수 있다는 것이다. 또한 내가 원하는 일정에 면접을 보기가 어렵다. 회사에서 내가 놀고 있다는 걸 알기 때문에 그들이 편한 일정에 맞춰 통보하게 된다. 앞에서 의외라고 생각하는 이들이 있을 거라고 했는데, 재직 중에 이직활동을 하면 내 스케줄에 맞춰서 일정을 잡을 수 있다는 말이 이 말이다. 채용하려는 회사에서 근무 중인 후보자에게는 일정을 배려해주게 된다는 것이다. 또 다른 단점으로는 퇴사의 여유를 즐기다가 생활고에 찌들어 급하게 아무데나 들어가게 될 수 있고, 일이 풀리지 않아 6개월 이상 쉬게 될 수도 있다는 것을 들 수 있다.

이렇게 두 케이스의 장단점을 간략하게 정리했는데, 이직할 때 후보자에게 어느 쪽이 좋은가를 살펴보기에 앞서 과연 회사의 인사팀에서는 두 케이스에 대해 어떻게 생각할지를 알아보자. 그러면 답을 내리기가 쉬울 것이다.

먼저, 재직 중 이직하는 케이스의 채용

아무래도 인사팀에서 채용 자체에 대해 조심스럽기 마련이다. 즉, 너무 갑처럼 굴지 않는다는 것이다. 우수한 후보자라면 갑이 아닌 동등한 입장에서 배려해서 모셔가려고 할 수 있다. 그가 수틀린 나머지 포기하고 그냥 회사를 다니겠다고 하면 인사팀만 아쉬운 입장이 되니까 더 배려하고 존중하는 분위기로 채용 과정을 진행하게 된다. 그러므로 연봉도 더 주려 하게 되고, 협의할 여지도 더 생기는 경우가 대부분이다. 또한 만에 하나라도 후보자가 곤란해지는 일이 없도록 레퍼런스 체크도 매우 조심스럽게, 아주 제한된 수준으로 하게 된다.

다음으로, 퇴사 후 이직하는 케이스의 채용

일단 인사담당자는 후보자가 왜 퇴사를 감행하여 구직을 하게 되었는지, 왜 그런 위험을 감수하는지 궁금하게 된다. '도대체 전 직장에서 무슨 일이 있었던 걸까?', '무슨 문제라도 생겼나?'라는 식으로 생각하게 된다. 보통 인사담당자들은 이것을 일반적인 상황으로 받아들이지 않는다. 그래서 퇴사 사유, 이직 사유, 지원 사유를 엄청 꼼꼼하게 확인한다.

이러면 이직 면접이 쉬울까, 어려울까? 당연히 어렵게 된다. 느낌적으로도 채용사보다 지원자 본인이 더 절실해진다. 그것은 인사팀에서도 감지할 수밖에 없다. 그러면 회사가 갑의 위치에 서게 된다. 즉, 연봉을 주는 대로 받게 되고, 협의의 폭이 줄어들게 된다. 레퍼런스 체크도 진짜 깊이 들어와서 본인의 성향, 장점, 실수, 퇴사 사유 등등을 모두 확인하게 된다.

이제 답이 가려졌을 것이다. 그렇다. 정말 급하거나 특별한 상황이 아니라면 재직 중 이직하는 것이 정답이다.

조금 더 보충해서 돈 계산을 해봐도 답이 한쪽으로 쏠린다. 예를 들어 연봉이 맘에 안 들어 먼저 퇴사하고 3개월 만에 이직했다고 가정해보자. 그러면 가뜩이나 연봉이 적어서 불만이었는데 퇴사하고 노는 3

개월 동안 월급을 못 받게 된다. 이직 후 연봉이 오른다 해도 크게 오를 가능성은 거의 없으므로 소득에서 3개월치 월급만큼 마이너스가 되는 것이다. 그동안의 월급을 보상해주는 회사는 없다. 결국 몇십만 원 더 받자고 3개월치 월급을 버린 셈이 되는 것이다.

하루도 더 근무를 못하겠다, 모든 위험을 감수하고라도 퇴사부터 해야겠다는 마음이라면 어쩔 수가 없다. 그렇지만 일반적인 경우라면 먼저 퇴사하고 준비하는 것은 채용에도 불리할뿐더러 돈만 까먹는 일이라는 사실을 명심해야 한다. 월급여가 200만 원 정도라고 해도 3개월을 쉬면 연소득에서 600만 원이 비게 된다. 월급에서 10만 원만 덜 나와도 부들부들 떠는 게 일반적인 회사원들인데 말이다.

앞에서 설명한 퇴사 후 이직의 장점들이 본인에게 600만 원 이상의 가치가 있는지를 따져봐야 한다. 노트북이나 휴대폰 등을 살 때에도 합리적 소비를 생각하고 가성비를 고려하면서 본인의 인생에서 정말 중요한 결정을 내릴 때 감정에 휘둘리는 것은 누가 봐도 비합리적인 일이다. 다니던 회사에서 열받는 일이 많았다면 퇴사해서도 계속 받게 되니 되도록 퇴사부터 하지 말고 이직 준비를 하는 것이 현명하다. '회사에 다니면서 준비하는 건 내 성격과 체질에 맞지 않아. 퇴사하고 나서 마음 편히 준비할래'라는 생각이 들더라도 가만히 한 번 더 생각해보기를 권한다. 정말로 합당한 이유인지, 아니면 지금 처한 상황이 너무 싫고 고통스러워서 그냥 앞뒤 안 재고 무조건 퇴사하는 것이 목적이 되어버린 상태인지 말이다.

10년 넘게 헤드헌터로 일하면서 확실히 이야기할 수 있는 것 중 하나가 '이직은 재직 중 하는 것이 무조건 좋다'는 것이다. 한시라도 빨리 퇴사하려는 마음도 이해할 수 있지만, 그럴 땐 600만 원이라는 돈을 생각하라. 손익을 따져보면 큰돈 아닌가? 조금 버겁더라도 재직 중 이직활동을 하는 것이 맞다.

이직 초보들이 흔히 하는 오해들

사람들은 현재 직장이 불만족스러워 이직을 꿈꾼다. 불만족의 사유는 정말로 많다. 단순한 불만족인 경우도 있고, 모종의 결핍인 경우도 있으며, 때로는 본인이 생각하는 어떤 목적을 추구하기 위해 이직을 원하기도 한다. 대부분은 현재보다 더 나은, 뭔가 하나라도 더 윤택한 직장생활을 위해 이직하려는 것이다.

그런데 이직의 과정이란 것이 생각보다 쉽지가 않다. 설령 이직에 성공하더라도 이전 직장만 못한 상황이 닥쳐오기도 한다. 그래서 이직 초보들이 흔히 하는 오해 10가지를 정리했다.

첫 번째 오해: 무조건 연봉이 15~20%쯤 오를 것이다.

그렇지 않다. 필자가 한 해 성사시키는 이직건수가 200케이스가 넘는데, 20% 이상 인상된 경우는 한 해에 한둘 정도 나올까 말까다. 이직할 때 연봉이 20% 정도 인상될 거라는 생각은 큰 오산이고, 한 자릿수 정도 인상된다고 보면 된다.

두 번째 오해: 채용 과정이 순탄하게 계획대로 진행될 것이다.

그랬으면 좋겠지만 실상은 그렇지 않다. 채용 과정은 생각보다 길다. 면접을 보고 난 뒤 바로 결과가 나오지 않는 것이 보통이다. 2주일이면 끝날 것 같지만 몇 달씩 걸리기도 한다. 그러니까 느긋한 마음으로 이직을 준비해야 한다.

세 번째 오해: 면접 후 피드백을 상세하게 정리해줄 것이다.

이 역시 그렇지 않다. 심지어 합격을 해도 상세한 피드백을 받기가 어렵다. 하물며 탈락한 사람에게 그 사유를 자세히 정리해줄 리 없다. 혹시 자세한 피드백을 받게 되었다면 이는 헤드헌터가 지어냈거나 인사담당자가 대략 말한 것을 부풀려서 전달한 것일 가능성이 높다. 인터뷰 피드백은 너무 기대하지 말고, 3장에서 얘기한 것처럼 일반적인 종류의 피드백들에서 본인의 문제를 해석하고 유추하는 것이 좋다.

네 번째 오해: 채용공고의 직무 내용과 자격사항이 중요하다.

몇 번 얘기했지만, 이것 역시 잘못 알고 있는 것이다. 공고에 나온 업무 내용, 직급, 연차 등과 완전히 일치하지 않아도 괜찮다. 그러니 본인의 업무와 딱 맞지 않는 직무라거나, 직급이나 연차가 다르다고 해서 너무 주저할 필요가 없다. 대략 비슷하고, 가고 싶은 회사라면 과감히 지원하는 것이 좋다. 최종적인 채용 결과를 보면 공고 내용과 딱 맞지 않는 사람을 뽑는 경우가 정말로 많다.

다섯 번째 오해: 회사 인사팀에서 연봉을 후려칠 것이다.

이것도 오해다. 이직할 회사의 인사팀에서 연봉협상할 때 최대한 후려치려고 낮은 안을 제시했다가 반응을 보고 나서 조금씩 올려주고 할 것 같지만 절대 그렇지 않다. 인사팀은 그렇게 한가한 조직이 아니다. 모든 연봉은 자체 시뮬레이션을 돌려서 회사의 직급 및 연차 대비 연봉 수준에 맞춰 최대한 형평에 맞게 제시된다. 사실 인사팀은 연봉협상을 길게 하는 걸 싫어한다. 연봉협상이 간보기나 줄다리기 게임이 아니라는 점을 알고 있어야 한다.

여섯 번째 오해: 연봉을 세게 부르면 결국 올려줄 것이다.

그렇게 생각하는 이들이 있는데 전혀 그렇지 않다. 별다른 근거도 없이 20%를 인상해달라는 식으로 얼토당토않게 불러도 급하면 결국 주겠지 하지만, 회사는 그렇게 움직이지 않으니까 적당한 선에서 행동해야 한다.

일곱 번째 오해: 내가 없으면 회사가 돌아가지 않을 것이다.

큰 오해다. 본인이 퇴사해도 회사는 정말 잘 돌아가므로 그런 걱정일랑 하지 말고 본인의 이직협상에 집중하는 것이 좋다.

여덟 번째 오해: 이직하면서 연봉협상이 제일 어려운 단계일 것이다

이것도 사실이 아니다. 실제로 연봉협상보다 더 어려운 과정은 따로 있다. 바로 입사일을 조율하는 것이다. 이직자가 이직 과정에서 입사

일을 맞추다가 이전 직장의 사람들과 의를 상하는 일이 빈번하게 일어난다.

아홉 번째 오해: 현재 직장에서 나를 붙드는 건 내가 일을 잘해서다.

아니다. 현재 직장에서 본인을 붙잡는 이유는 내가 잘해서도, 나를 위해서도 아닌 남은 사람들을 위해서다. 한 사람이 나가면 후임자를 가르쳐야 하고 뽑을 때까지 대신 일을 맡겨야 하니까 그 손실을 감수하지 않으려고 잡는 것이다. 뒤에서 더 자세히 설명하겠지만, 이왕 이직하겠다고 마음먹었으면 붙잡히지 말고 실행해야 한다.

열 번째 오해: 이직만 하면 회사생활이 행복해질 것이다.

절대 그렇지 않다. 지금 당장은 이곳만 벗어나면 좋을 것 같지만, 다른 곳에 가면 또 다른 종류의 힘든 일이 존재하는 게 인생이다. 어떤 점이 마음에 안 들어 이직했건만 새로 들어간 회사에서 또 다른 애로사항이 바로 생길 것이다. 그래서 여러 번 이직한 이들이 이런 말을 많이 한다. "그래도 첫 직장이 제일 좋았다"고.

그러니까 이직은 할 때 하더라도 현재 회사생활에 어떤 장점이 있는지를 한 번 더 생각해보는 것이 좋을 것이다. 지금은 당연히 누리고 있어서 몰랐던 회사의 장점들을 이직 후에 발견하게 될 수 있다. 입사 전에 먹었던 초심을 되새겨보고, 그래도 떠나는 게 답이라는 생각이 든다면 그때 이직을 추진하는 것이 옳다.

이직 시 헤드헌터 활용법

간혹 이직하는 과정에서 채용공고에 직접지원하는 게 좋은지, 아니면 헤드헌터를 통하는 것이 좋은지 물어보는 이들이 있다. 이 질문에 대한 답은 아주 간단하다. 당연히 헤드헌터를 통해 진행하는 것이 훨씬 편하고 유리하다. 그런데 다음 질문은 약간 복잡하다.

이직 과정에서 회사 내부 직원의 추천에 의한 지원이 유리할까? 헤드헌터를 통한 추천이 유리할까? 여기에는 각각 장단점이 있을 수 있다. 그러니 지원자의 관점에서 두 경우의 장단점을 알아보고, 어느 때 헤드헌터를 활용하면 좋을지 확인해보자.

내부 직원 추천 vs 헤드헌터를 통한 추천

비교를 위해서는 두 경우의 전제부터 설정해야 한다. 공통된 전제는 지원자가 채용사의 채용 조건에 어느 정도 부합되는, 경쟁력이 있는, 채용 가능성이 있는 인재라는 것이다.

먼저 헤드헌터를 통해 채용을 진행하면 어떤 장점이 있는지에 대해 알아보자.

이 경우의 장점은 인터뷰 일정 잡기, 인터뷰 정보 공유, 연봉협상, 입사 일정 협의 등을 모두 헤드헌터가 대신해주기 때문에 채용 과정에서 지원자의 의견과 상황을 적극적으로 전달하고 표현하기가 수월하다는 것이다. 예를 들어 지원자가 직접 연봉협상을 하기란 부담스러운 일이다. 이때 채용 전문가인 헤드헌터가 부담스러운 일을 대신해주고, 좀 더 나은 연봉을 받을 수 있도록 협상해준다는 것은 큰 장점이 아닐 수 없다.

그에 비해 내부 추천의 장점은 인사팀에서 볼 때 자사의 직원이 추천하는 인재에게 더 신뢰가 가는 게 사실이라는 것이다. 내부 사정을 잘 아는 사람이 추천하면 채용의 적합도도 높고, 따로 레퍼런스 체크를 하지 않아도 되고, 그래서 채용 과정이 빨리 진행되고, 진행 과정의 비용도 줄일 수 있어 전체적으로 수월하게 진행된다. 따라서 인사팀 입장에서는 환영할 만한 일이다. 또 지원자 입장에서도 내부 직원이 레퍼런스 체크 과정을 생략해주기 때문에 본인의 이직활동이 노출될 가능성이 적고, 경력이 채용 조건보다 다소 모자라도 비교적 쉽게 서류 합격이 될 수 있다. 더구나 잘 아는 사람이 추천하는 자리이기 때문에 안심하고, 믿고 진행할 수 있는 부분이 있고, 면접을 볼 때에도 심리적으로 덜 경직될 수 있다.

하지만 단점이 있다. 헤드헌터를 통한 채용의 장점과 반대로 연봉협상을 치열하고 적극적으로 하기가 어렵다는 것이 가장 큰 단점이라고 할 수 있다. 합격 단계까지 지인이 노력해준 것이 고마워서, 채용 과정상 이런저런 일로 까다롭다는 소리를 듣기 싫어서 연봉이 조금 마음에 안 들어도 그냥 수락하게 되는 경우가 흔하다. 복잡미묘한 입장이나 상황 때문에 할 말을 못하고 협의도 제대로 못하고 입사하게 되는 것이다. 또한 채용 과정이 수월하더라도 만약 떨어지기라도 하면 매우 민망한 상황이 벌어진다는 점도 불편하다.

정리하면, 지원자의 상황에 따라 지원 방식을 선택하는 것이 제일 현명한 방법이다. 둘 중에서 꼭 뭐가 더 좋다고 할 수 없고, 상황과 필요에 맞게 선택하면 될 것이다.

다만 본인의 이력이 해당 채용에 큰 경쟁력이 없다고 판단한다면 내부 직원의 추천을 통해 진행하는 것이 더 나을 것이다. 또 본인의 상황이 매우 급하고 절실해서 연봉이고 뭐고 필요 없고 합격 자체가 중요하다면 내부 직원 추천을 권장한다.

반면에 본인이 업계에서 어느 정도 경쟁력이 있고 지망하는 회사에 합격할 가능성이 높다는 생각이 들면 헤드헌터를 통해 진행하는 것이 좋다. 특히 연봉 인상에 대한 욕구가 있다면 내부 추천보다 헤드헌터를 활용하는 것이 유리하다. 그리고 이직이 절실하지 않은 상황에서 본인의 시간과 물리적 노력을 비교적 덜 들이고 이직 가능 여부를 타진해보고 싶다면 헤드헌터의 손을 잡는 것이 더 나을 것이다.

다시 말해서 내부 직원의 추천을 통한 이직이 더 나은지 헤드헌터를 통한 이직이 더 나은지를 판단하려면 본인 이력의 경쟁력, 이직 욕구의 절실함, 연봉 인상에 대한 욕구 등을 먼저 객관적으로 분석해본 다음 자신의 상황에 맞는 적절한 방법을 선택하는 것이 현명한 일이다.

참고로 알려줄 것이 있다. 아주 훌륭한 헤드헌터들은 내부 직원 못지않게 고객사의 신망이 두텁다는 사실이다. 그들은 고객사의 신뢰를 바탕으로 채용 과정을 수월하게 진행한다. 그러니 이직을 원한다면 본인의 커리어를 잘 이끌어줄 헤드헌터가 어디에 있는지 알아보는 것도 좋을 것이다.

헤드헌터를 통하면 좋은 점 5가지

요즘은 헤드헌터를 통해 이직하는 이들이나 이직 과정에서 헤드헌터에게서 연락을 받아본 이들이 점점 늘어나고 있다. 그럼에도 여전히 많은 이들이 헤드헌터가 뭔지 모르거나 알더라도 헤드헌터와 함께하는 것에 어떤 장점이 있는지 모르는 것이 현실이다. 그래서 취업을 하거나 이직할 때 헤드헌터를 통하면 좋은 점 5가지를 알려주려고 한다.

첫째, 내 경력에 맞는 다양한 채용을 소개받을 수 있다.

일 좀 한다는 헤드헌터들은 보통 5~10곳의 고객사와 일을 하고, 비슷한 시기에 10개 이상의 포지션에 대한 업무를 진행한다. 따라서 이직할 때 헤드헌터를 통하면 후보자에게 순차적으로든 동시적으로든 복수 이상의 포지션을 안내받을 수 있다. 따라서 취업이나 이직을 고민한다면 안내받은 대안들 중에서 본인이 지원하거나 입사할 곳을 고르는 게 나을 것이다.

둘째, 채용 과정에 필요한 채용 정보를 상세히 안내받을 수 있다.

공채나 직접지원의 경우에는 본인 스스로 채용 정보를 수집해야 하지만, 헤드헌터를 통하면 그가 골라낸, 채용에 필요한 양질의 정제된 정보를 빠르게 안내받을 수 있다. 또한 서류전형 결과, 면접 결과 등을 각 단계별로 그때그때 받아볼 수 있고, 결과에 대한 구체적인 피드백도 얻을 수 있으므로 언제 결과가 나올지 모르는 채 마냥 기다리거나 그 과정에서 어디에 문의해야 할지 알 수 없는 상황을 미연에 방지할 수 있다.

셋째, 무료로 이력서를 보완하고, 면접 스킬을 향상시킬 수 있다.

헤드헌터들은 채용 전문가이기 때문에 후보자의 이력서를 분석해서 수정하고 보완해주는 일을 한다. 이를 통하면 본인의 이력서가 좀 더 경쟁력 있는 자료가 될 수 있다. 또 면접에 대비하여 여러 종류의 팁을 제공하고 코칭까지 해주기 때문에 후보자들이 본인의 인터뷰 스킬을 향상시키는 좋은 기회를 얻을 수 있다.

넷째, 인터뷰 일정 및 연봉 조율이 원활하다.

공채나 직접지원을 하게 되면 지원한 회사에서 면접 일정을 일방적으로 통보하는 경우가 많고, 일정이 안 되어 조정하려면 혹여 불이익이 있을까 걱정되어 무리하게 입정을 잡게 될 수 있는데, 헤드헌터를 통하면 헤드헌터가 중간에서 조율을 대신해주어 부담을 덜 수 있다.

또한 최종 합격 이후 연봉협상 시에도 인사팀과 직접 조율하기가 불편한데, 헤드헌터가 대신 진행해주어 불편하지 않게 협상을 충분히 진행할 수 있으므로 더 나은 조건의 연봉을 받는 일이 가능하다.

다섯째, 중요하지만 외로운 시기에 든든한 조력자가 되어준다.

취업할 때나 다니던 직장을 그만두고 새로운 직장을 찾을 때, 직장을 다니면서 이직을 고민할 때 사람들은 조언을 구하거나 하소연할 만한 곳이 없어 답답하고 외로워한다. 이때 본인의 이야기를 들어주고 본인의 합격을 위해 애써주는 상대가 있다면 좋을 것이다. 그가 바로 헤드헌터다. 힘들지만 중요한 순간에 그런 존재가 있으면 분명 큰 힘이 될 것이다.

헤드헌터를 통하는 것의 장점은 이 외에도 많다. 최근의 시장 정보를 많이 접할 수 있고, 진행하는 과정마다 소소한 팁을 얻을 수도 있다. 그러므로 인생에서 헤드헌터를 활용할 수 있는 시기를 놓치지 않았으면 한다. 좋은 헤드헌터를 소개받거나 알아보는 것을 망설이지 않았으면 한다. 혼자 끙끙 앓는 것보다 조력자를 구하는 것이 더 좋은 결과를 낳게 될 확률을 높여줄 테니 말이다.

'채용만렙' 헤드헌터 선별법

헤드헌터를 구하려면 그전에 양질의 헤드헌터를 선택하는 법부터 익혀둘 필요가 있다. 물론 개별적으로는 이직의 필요가 있을 때 본인이 가고픈 기업을 때맞춰 소개하는 헤드헌터가 최고의 헤드헌터일 것이다. 하지만 사람의 경력은 이직 한 번으로 끝나는 것도 아니고, 헤드헌터에게는 아주 민감한 정보들까지 공개해야 하고, 이직 후에도 꾸준히 커리어 관리를 받아야 하기 때문에 지속적으로 믿고 의지할 만한 전문가를 선택하는 것이 매우 중요하다. 그래서 양질의 헤드헌터를 선택하는 방법을 소개하는 것이다.

여기서 소개하는 내용은 취준생이나 이직을 노리는 직장인뿐만 아니라 현역 헤드헌터들도 참고하여 고객에게 신뢰감을 주는 헤드헌터가 되려면 어떤 요건을 구비해야 하는지 점검해보는 기회로 삼았으면 좋겠다.

우선 헤드헌터한테 연락을 받았다면 헤드헌터의 재직사, 즉 헤드헌팅사부터 살펴볼 필요가 있다. 헤드헌팅사에 대해서는 다음의 요건을 확인해보아야 한다.

직업안정법에 따른 합법적인 직업소개 사업장인가?

모든 헤드헌팅사는 규모와 상관없이 지역 구청에 '유료직업소개사업' 등록을 해야 하는데, 등록되어 있지 않다면 모두 불법이다. 이것을 확인할 수 있는 방법은 회사 홈페이지를 살펴보는 것이다. 홈페이지 하단에 직업소개사업 신고번호 및 등록번호(제2016-32101550-××-×-×××××호)가 적혀 있는 업체는 일단 합법적인 헤드헌팅사로 볼 수 있다. 또 홈페이지에 '직업정보제공사업'이란 내용이 있다면 채용공고를 할 수 있는 자격이 있는 헤드헌팅사로 이해하면 된다. 관련 내용은 직업안정법 제18조 및 19조에 나와 있다. 홈페이지가 없거나 홈페이지는 있지만 등록사항이 없는 회사는 피하는 것이 좋다.

인증받은 회사인가?

국가에서 받은 인증이 여럿 있는 기업, 즉 고용서비스 우수기관이라든가 해당 분야의 ISO인증 등을 취득한 헤드헌팅사가 좋다. 이것은 필수라기보다는 강력추천 사안이다(필자가 운영하는 회사에도 이런 인증이 없다). 회사에 이런 종류의 인증이 있다는 것은 헤드헌팅 업무 프로세스, 퀄리티 등 여러 부분에서 상당한 인적, 물적 투자를 한 기업이라는 뜻이므로 안심하고 이력을 맡겨도 된다. 해당 헤드헌터사의 헤드헌터들도 탄탄한 교육을 받은 이들일 가능성이 높다. 필자는 이러한 헤드헌팅사 대표들을 존경한다. 아직은 그에 미치지 못하기 때문이고 배울 점이 많기 때문이다.

고유 이메일이 있는가?

홈페이지가 없는 것도 문제이지만, 메일계정이 없어 네이버(naver)

나 지메일(gmail) 등을 쓰는 회사는 여러 가지 준비가 부족한 기업이므로 되도록 피하는 것이 좋다.

'개인정보활용동의서' 서명을 요청하는가?

이것은 최근에 중요해진 사항이다. 기본적으로 이력서를 전달하기 전에 어떤 형태로든, 그러니까 이메일로든 직접 만나서든 '개인정보활용동의서' 서명 요청을 하지 않는 회사는 피해야 한다. 이를 요구하지 않는 회사는 고객들의 이력서를 여기저기 등록하거나 고객이 지원하지도 않은 회사에 이력서를 보내는 등 개인정보 보호를 하지 않겠다는 의도를 가진 것과 마찬가지로 보면 된다. 그러니 개인정보활용동의서 서명을 요청하지 않는, 심지어 양식도 없는 회사는 절대 피해야 한다. 보통은 포지션 제안 메일을 받을 때나 헤드헌터와 대면미팅 시에 개인정보활용동의서에 서명하는 과정이 있어야 정상이라는 점을 반드시 기억해야 한다.

그렇다면 헤드헌터를 선택하는 기준으로는 어떤 것이 있을까? 앞에서 소개한 헤드헌팅사 선택법과 겹치는 부분도 있는데, 그만큼 중요한 부분이므로 숙지해야 한다.

이력서 추천 전에 미팅을 요청하는가?

생각해보면 이력서만 가지고 추천이 가능할 리 만무하다. 통화 몇 분으로 어떻게 후보자를 파악할 수 있을까? 요즘에는 이메일만 받아

보고 추천하는 헤드헌터도 있다고 하는데, 그럴 때 인사담당자가 "이분 어때요? 왜 이분을 추천했나요? 장점은 무엇이고 성향은 어떤가요?"라고 물으면 답이 가능할까?

당연히 만나서 이야기를 나누어야 한다. 최소 한 번은 만나야 이 후보자가 어떤 일자리를 원하고, 지금까지의 경력을 쌓는 데 어떤 과정과 사연이 있었으며, 장점은 무엇이고, 이직하려는 사유는 무엇인지 등을 확인하고 판단할 수 있지 않겠는가. 공들여 쌓은 이력서를 받으려면 직접 찾아와서 만나는 정도의 성의와 적극성이 있어야 기본이 있는 헤드헌터라고 할 수 있다. 후보자 역시 본인에게 이력서를 달라는 사람이 어떤 사람인지, 과연 전문가라고 할 수 있는지, 신뢰가 가는지 등을 알아보려면 만나야 한다는 생각을 가져야 한다. 이력서를 주기 전에 반드시 헤드헌터를 만나봐야 하며, 먼저 나를 만나자고 하는 헤드헌터가 기본에 충실한 헤드헌터라는 점을 알아야 한다.

JD(잡디스크립션) 안내메일을 보면 헤드헌터의 수준이 보인다.

포지션 안내메일 보냈다고 해서 봤는데, 어디서 그냥 긁어서 보낸 느낌이 들면 헤드헌터라고 할 것도 없다. 성의도 전문성도 없는 헤드헌터일 것이고, 회사에서 포지션 소개 업무를 진행한 경험도 별로 없었을 것이다. 받은 메일에 해당 기업의 개요와 포지션이 오픈된 배경, 포지션의 내용, 채용 의도, 조직의 상황과 구성, 헤드헌터로서 이 회사의 포지션을 제안하는 사유 정도는 정리되어 있어야 한다. 이력서를 요구하려면 그 정도의 성의는 보여야 하고, JD 안내메일에서 그 성의가 나타나야 믿을 만한 헤드헌터라고 할 수 있다.

질문하면 명쾌한 답을 주는가?

질문했을 때 답변을 바로 명쾌하게 해주는 헤드헌터라면 해당 기업의 채용 경험이 많은 헤드헌터로 볼 수 있다. 이런저런 질문을 했을 때 매번 해당 기업에 확인해본다고 말하거나, 면접 가서 직접 물어보라고 하거나, 기업 내부 정보라서 답을 할 수 없다고 말하는 헤드헌터는 의심해봐야 한다. 이런 이들은 기업과 해당 포지션 업무를 진행한 지 얼마 안 되었거나 자기 업무가 아닌 다른 헤드헌터의 포지션에 숟가락을 얹은 초보이기 십상이므로 피해야 한다.

해당 고객사와 오랜 시간 관계를 맺고 채용 업무를 진행해온 헤드헌터는 거의 매일 인사담당자와 통화하면서 현재의 채용 상황, 회사 분위기, 조직 현황, 이번 채용의 구체적인 내용, 어떤 사람이면 좋겠다는 회사 쪽의 요구 등등 많은 정보를 알고 있다. 그렇게 오랫동안 채용 업무를 진행해온 헤드헌터와 일을 진행해야 한다.

확인 차원에서 진행 전에 직접 물어보는 것도 방법이다. 이 회사에서 몇 년간 채용을 진행해왔느냐고 말이다. 오래했다고 하면 오래한 만큼 더 깊이 있고 남다른 정보 제공과 관리를 부탁한다고 하면 될 일이다.

개인정보를 소중히 다루는가?

나의 정보뿐만 아니라 다른 사람의 개인정보도 소중히 다루는 헤드헌터여야 한다. 헤드헌팅사에 대해 이야기할 때 이미 설명했지만, 개인정보활용동의서에 서명을 요청하는 헤드헌터라야 한다. 그리고 내 정보를 인사담당자 외에 다른 사람에게 전하지 않는 입이 무거운 헤드헌터라야 한다.

개인정보활용동의서는 프린트물로 가져올 테니 바로 알 수 있지만, 입이 무거운지는 어떻게 알 수 있을까? 만났을 때 헤드헌터가 어디의 누구는 어디에 지원했고, 저기 누구는 저기 지원해서 떨어졌고, 어떻고저떻고 등등 남의 이야기를 늘어놓는다면 기피하는 것이 좋다. 그런 이들은 가십이나 소문을 마치 본인의 네트워크 역량이나 정보력인 양 착각하고 떠드는 사람들이며, 나의 이야기도 다른 곳에 가서 떠들 가능성이 매우 높다. 남의 이야기를 이리저리 전하는 헤드헌터는 무조건 걸러야 한다.

직업상담원으로 등록되어 있는가?

사실 적법하게 운영되는 헤드헌팅사라면 모든 헤드헌터가 직업상담원으로 구청에 등록되어 있어야 한다. 헤드헌터가 구청에 등록되어 있는지의 여부는 사실 확인이 쉽지 않지만, 그가 일하는 헤드헌팅사가 합법적으로 운영되고 있다면 일단 등록된 헤드헌터로 간주할 수 있다.

그러나 하는 짓이 영 의심스럽고 미덥지 못하다면 구청 일자리과에 전화해서 어디 업체의 누가 등록된 직원인지를 문의하여 확인해볼 수 있다.

비즈니스 매너를 지키는가?

복장, 명함, 시간 약속 등 일반적인 비즈니스 매너를 보면 헤드헌터의 수준을 알 수 있다. 좋은 게 좋다며 그냥 넘기지 말고 확인할 필요가 있다.

위에서 이야기한 사항들은 헤드헌팅 사업과 업무의 기본 중 기본에 속한다. 결국 기본과 법규를 준수하자는 것인데, 안타깝게도 기본도 하지 못하는 이들이 많아 피해 사례가 나타나고 있다. 심지어 후보자에게 돈을 요구하는 이들도 있다는데, 이런 헤드헌터는 관할구청의 일자리과에 신고하면 된다.

실제로는 이러한 기본을 뛰어넘어 엄청난 노하우와 전문성으로 활동하는 훌륭한 회사, 존경스러운 헤드헌터가 훨씬 더 많다. 그럼에도 '쭉정이' 헤드헌팅사와 헤드헌터가 존재하는 이상 이들을 가려낼 수 있는 기준이 사람들에게 알려져 헤드헌팅 업계가 전체적으로 발전하고 헤드헌터들이 신망을 받는 전문가 직업군으로 인지되기를 바라는 마음이다.

이직 관련해서 피해야 할 제안들

연말연초에 성수기를 이루는 이직시장에서 다양한 문의들을 접하다 보면 개중에는 '이직을 하지 말라'고 말리고 싶은 경우들이 있다. 그 이유는 후보자들의 개별 상황에 따라 너무도 다양해서 일반화하기 어렵지만, 잘되는 꼴을 한 번도 본 적이 없는 경우를 중심으로 소개하려고 한다.

잘되는 꼴을 본 적이 없는 이직의 예

첫째는 모시던 상사가 이직한 회사로 따라가는 케이스다.

이런 케이스는 매우 많은데, 필자는 무조건 반대다. 지금까지의 경험상 '올킬'이라고 해도 좋을 만큼 거의 다 잘못되었다. 상사가 더 좋은 기업으로 이직한 케이스라도 반대할 판인데, 심지어 지금의 회사보다 규모도 작고 업력도 짧은 회사로 쫓아가는 것, 부른다고 쪼르르 따라가는 것은 망하는 길로 들어선 것이라고 본다. 드라마 〈미생〉의 결말을 보고 '미생 드림'이랄까, '장그래 드림'이랄까 그런 걸 생각하는 이들이 있을 수 있지만, 현실 세계에선 턱도 없는 이야기다.

이유는 간단하다. 상사를 따라 입사하면 회사에서 상사 따라 퇴사할 사람으로 분류된다. 그러니까 회사의 사람이 아니라 상사의 옵션으로 입사한 사람으로 간주되어 회사 내부에서 좋은 인재로 평가받기가 무척 어렵다. 상사의 옵션이라는 굴레를 벗어나지 못한다.

옵션이란 것은 있으면 편하지만 없어도 무방한 그런 존재일 뿐이다. 이런 식의 이직은 매우 좋지 않다. 퇴사한 상사는 한동안 멀리하는 게 좋다. 이직했다고 하면 커피체인점 기프티콘이나 쏴드리는 것이 제일 현명한 처사다.

둘째는 조건에 혹해서 친구가 창업한 회사로 이직하는 케이스다.

현재 과장급이나 차장급인데 이사를 시켜준다고 해서 회사를 옮기는 경우가 있는데, 본인이 해보지 않은 일까지 도맡아 하게 된다. 절대 반대다.

그런 일이 있었다. 한번은 오랜만에 좋은 마케팅 매니저 포지션이 오픈되어 오래 알고 지낸 후보자에게 연락을 했더니 조만간 이직하기로 했다는 답변이 왔다. 그래서 어디로 가느냐고 물으니 미국에 살던 친구가 귀국해서 스타트업을 시작하는데 마케팅 부문을 맡아서 해달라고 부탁해서 마케팅 총괄이사로 간다는 것이다. 연봉도 많이 올려서 가게 되었다고 했다.

불길한 마음이 엄습했지만 일단 의례적으로나마 축하의 인사를 건넸다. "회사명이 뭐예요?", "어떤 서비스예요?" 물었더니 회사는 역삼동에 있는 ○○이고, 공유오피스에서 일하며, 앱을 외주개발 중이라고 했다. 그래서 "아니, 위험부담이 크다는 생각이 들지 않아요?"라고 조심스레 말했더니 현재 회사는 너무 편하고 좋은데 좀 지겹고 연봉도 적어서 이참에 '잘되었다', '한번 해보자'라는 생각으로 그렇게 결정했다는 것이다.

이런 케이스는 정말로 위험하다. 지인의 비즈니스에 동업도 아닌, 사업 초창기 세팅 멤버로 연봉과 직급을 올려서 가는 케이스인데, 필자는 무조건 비추한다. 물론 잘되면 좋겠지만 가능성이 희박하다. 필자는 이런 케이스를 한 10번 정도 봤는데, 결국에는 거의 다 오래 버티지 못하고 약속받은 급여도 제대로 받지 못했다.

그동안 이런 종류의 제안을 받아본 이들이 있을 것이다. 어떻게 했는가? 애초부터 사업 욕심이 있었다면 굳이 말리지 않을 것이다. 공동대표처럼 동업의 형태로 가게 된다면 그나마 괜찮을 것이다. 그러나 사업 생각도 없었던 사람이 갑자기 바람이 불어서 이렇게 처신하면 성공하기가 어렵다.

꼭 이야기하고 싶은 것이 있는데, 창업이란 것, 사업이란 것은 정말로 어렵다는 사실이다. 이미 알고 있는 이들이 많겠지만, 직접 창업해서 회사를 경영해본 사람으로서 보다 확실하게 말할 수 있는 사실이다. 사업이란 아무리 큰돈을 투자받아도 2~3년 안에 대박을 치거나 그럴 수 있는 일이 아니다. 그렇게 '땅 짚고 헤엄치기' 식으로 금세 대박 나는 사업이라면 그런 기회가 아무에게나 쉽게 오지도 않는다. 사업은 보통 5년에서 10년은 꼴아박아야 어느 정도 안정적으로 돌아가고, 그러한 안정을 바탕으로 회사가 크게 성장할 개연성이 생기는 법이다. 그런데도 이제 겨우 시작하는 회사, 심지어 론칭도 안 했고 수익도 없는 회사에 가는 것은 얼마나 위험천만한 일인가. 친구가 구두로 약속한 부분들도 안 지켜질 가능성이 크다.

게다가 친구를 사장으로 두는 일은 생각보다 신경질 나는 경우가 많다. 나중에 친구한테 분명히 이러한 말을 듣게 된다. "공과 사 좀 구분해라", "내가 (여기서도) 니 친구로 보이냐?" 등등의 말이 들려온다. 절대 하지 말아야 할 이직이다. 사업에 큰 뜻이 있다면 모를까, 이런 제안을 수용하려면 사업한 지 적어도 5년 정도는 되어 안정적인 수익구조가 갖춰진 조직이라야 한다. 창업한다는 친구에게도 커피체인점 기프티콘을 쏴주는 게 낫다.

셋째는 알지도 못하는 분야로 이직하는 케이스다.

뭘 해도 지금보단 낫겠지라는 생각으로 잘 알지도 못하는 분야로 이직하는 경우가 얼마나 될까 싶지만, 이렇게 이직하는 이들이 은근히 많다. 천하의 멍청이들만 하는 짓이 아니란 얘기다. 본인의 전문 분야를 버리고 새로운 도전을 하겠다면서 준비도 없이 연봉을 더 준다니까 홀린 듯 신생 기업으로 이직한다.

위에서 친구가 만든 스타트업으로 옮긴 경우는 같은 마케팅 업무를 담당하는 것이므로 그나마 양반이다. 마케팅 일을 하던 사람이 더 높은 연봉을 약속받았다면서 세일즈나 다른 일을 하러 가는 경우는 정상으로 보기가 어렵다. 10년 정도 마케팅 포지션에서 열심히 일해야 연봉 7,000~8,000만 원을 받을 수 있는데, 전혀 해보지 않은 일을 하라면서 그보다 더 준다는 게 말이 되는가? 이건 일종의 난센스다. 경력이 없는 사람을 연봉 1억을 주고 뽑는다는 것 자체가 말이 안 된다. 이런 경우는 헤드헌터로서 보기에 회사가 후보자를 기만할 의도를 가졌을 가능성이 매우 높은 사례에 해당한다.

혹시 이러한 제안을 받았다면 연봉 액수 때문에 혹하더라도 참아야 한다. 괜히 이런 일에 물리게 되면 지금 회사에서 힘든 것보다 100배는 더 힘들어질 수 있다. 필자가 아는 어떤 사람은 이런 제안을 받고 이직했다가 5개월 정도 근무하고 그만두어야 했다. 대표와 의견이 맞지 않아 다투고 퇴사했다고 한다. 이전 직장보다 높은 연봉을 약속받았지만 3개월치 급여만 받았고 2개월치는 받지도 못했다.

회사에 잘 다니다가 갑자기 헤드헌터가 되어보겠다고 달려드는 이들도 유사한 케이스로 봐야 한다. 생각해보자. 본인이 짧게는 3년, 길게는 10년가량 쌓아 만든 실력으로 받는 연봉을 단기간에 충족시키면서 대체할 수 있는 새로운 일이 있을 수 있을까? 상식적으로 봐도 그런 일은 없다. 이직은 더 잘해보려고, 더 잘할 수 있는 길을 찾아가는 것이지 한 번도 해보지 않은 일을 하러 가는 것이 아니다. 이런 충동이 일어난다면 이것이 정말로 인생에 다시없을 도전인지, 아니면 단순한 현실 도피에 불과한지 냉정히 판단해봐야 한다. 결코 드문 사례가 아니라 의외로 많기 때문에 주의해야 한다. 이런 경우가 닥치면 차라리 함께 근무하는 동료들에게 커피체인점 기프티콘을 쐬주는 것이 낫다. 이직해서 곤란해질 뻔했는데 커피값으로 감사 인사를 듣는 것이 현명한 선택이다.

넷째는 연봉과 직급을 높이는 데만 초점을 맞춘 케이스다.

자주 발생하는 경우인데, 더 구체적으로 말하면 연봉을 더 받으려고 지금 회사보다 훨씬 규모가 작은 기업으로 이직하는 것이다.

높은 연봉, 높은 직급의 기회는 물론 좋다. 그렇지만 이것이 전부가 되어서는 곤란하다. 왜냐하면 높은 연봉과 직급을 제시하는 회사가 무조건 좋은 회사라고 말할 수 없기 때문이다. 이직은 회사의 비전, 규모, 업무, 조직문화 등등의 조건이 비슷하면서 연봉과 직급이 높아질 때가 좋은 것이다. 그렇지 않다면 반대급부를 생각해봐야 한다.

연봉과 직급만 보고 이직했다가 낭패를 보는 경우가 생각보다 많다. 특히 연봉과 직급을 높이기 위해 작은 회사로 갔을 때 1년에서 2년 정도는 만족할 수도 있으나 결국엔 이전에 다녔던 큰 기업의 시스템과 조직력의 힘을 실감하며 이직의 교훈을 되새기는 계기가 될 가능성이 매우 높다.

대기업의 수직적 문화와 경직성이 답답해서 중소기업의 주요 직급으로 연봉을 더 받고 가는 케이스도 이와 유사한데, 3개월이 채 안 되어 '괜히 대기업이 아니구나'라는 생각이 드는 것이 보통이다. 큰 회사가 무조건 좋다고 말하려는 게 아니라 그 회사에서도 못해주는 걸 작은 회사에서 해줄 거라고 바라지 말라는 것이다.

필자의 지인 중에도 파격적인 연봉 제안을 받아서 원래 다니던 회사보다 작은 규모의 신생 회사에 입사했다가 1년을 못 채우고 그만둔 이가 있다. 그는 회사에서 버티지 못한 것뿐만 아니라 이후의 이직활동에서도 상당한 어려움을 겪었다. 상승된 연봉 수준을 본인의 최종 연봉이라고 생각했기 때문에 그에 준하는 조건을 찾으려고 했지만 시장의 인식은 냉정했고 그의 요구를 받아줄 회사가 없었던 것이다. 그는 헤드헌터로서 보기에 상당히 괜찮은 제안도 그 이전의 회사 수준과 비슷하다는 이유로 고사했고, 지금은 갈 곳을 찾지 못한 채 쉬고 있다. 참으로 안타까운 일이다.

노파심에서 첨언하자면, 이와 반대로 연봉을 10% 이상 낮춰서 가거나 이전 경력을 포기하면서 가는 경우에도 문제가 생긴다. 어떤 사정이 있어 그러겠지만 결국엔 근무만족도가 떨어지는 결과를 초래하고, 어려운 상황에 놓이면 버티지 못하고 퇴사하기 쉽다. 사람이니까 '내가 이거 받으면서 이러고 있는 게 맞나?'라는 생각이 들지 않을 수 없기 때문이다.

더 안타까운 일은 이런 경우를 거치고 나면 그다음에 이직하려고 할 때 채용하는 회사에서 의아하게 생각한다는 것이다. '이 사람한테 무슨 하자가 있는 건가?'라고 의심하면서 채용되지 못하는 상황이 추가적으로 발생하게 된다. 연봉을 낮춰서 가는 것도 결코 권장할 만한 선택이 아니다.

다시 정리하면, 다른 조건은 별로인데 연봉과 직급만 올라가는 이직 제안을 받았을 때 수용하지 말고 동료들에게 커피 한 잔을 쏘는 게 나을 것이다. 함께 커피를 마시며 이야기를 나누다 보면 '아, 나만 힘든 게 아니구나'라는 생각에 위로받을 수 있고, 그들과 일하는 것에 감사하게 될 것이다.

다섯째, 중요 변화를 앞둔 상태에서 이직하는 케이스다.

대표적으로 결혼이나 임신 계획이 있는 경우를 들 수 있는데, 이직을 미루는 것이 낫다.

결혼을 예로 들어보면, 이때는 남성이든 여성이든 인생에서 가장 많은 결정을 단기간에 해야 하는 시기다. 대출을 알아보러 은행에 가고, 살 집을 찾아다니고, 웨딩홀을 예약해야 하는 등 고생이 많은데, 이때 이직을 하면 어느 쪽에도 충실하지 못해서 결혼 상대와 싸우거나 회사에서 욕을 먹기 십상이다. 다니던 회사에 있다면 결혼을 준비한다며 양해를 구할 수 있겠지만, 이직한 지 얼마 안 된 회사에서는 아직 적응도 못한 상태에서 양해를 구하기는커녕 결혼한다는 말도 쉽게 꺼낼 수 없기 때문이다.

임신도 마찬가지다. 익숙하고 안정적인 환경에서도 너무 어려운 시간이다. 병원도 자주 가야 해서 회사에 양해를 구할 일이 많아지는데 새로운 회사에서는 쉽지 않은 일이 된다.

얼마 전에 결혼을 앞둔 이가 이직에 관한 문의를 했을 때 필자가 말린 적이 있다. 결혼은 인생에서 한 번이고, 이직은 다시 언제든 할 수 있는 일이니 굳이 겹쳐서 하지 말고 잠시 미루라고 조언했다.

어찌 보면 위의 이야기들은 매우 상식적인 일이라서 상기할 필요가 없다고 생각할 수도 있다. 그런데 의외로 잘 모르고 섣불리 이직을 감행하는 이들이 있는데, 후과가 크다. 한 개인의 경력을 망가뜨리는 일이 쉬이 발생하기도 한다. 그러므로 이직 제안을 받았을 때 앞의 내용을 참고해서 해당하는 부분이 없는지 확인해보는 것이 좋을 것이다.

개인마다 차이가 있겠지만 큰 맥락에서 보면 너무 욕심을 내거나 현재의 고충을 회피하려고만 할 때 나쁜 사례가 생긴다. 이직하려고 할 때 내가 과욕을 부리고 있는 것은 아닌지, 정말로 필요해서가 아니라 현재의 상태를 회피하고 싶어서 이직을 준비하고 있는 것은 아닌지 돌이켜 헤아려본다면 나쁜 사례를 미연에 방지할 수 있을 것이다.

'카운터 오퍼'는 거절하라

이 부분은 '피해야 할 이직 제안들'에 적절하지 않을지도 모르겠다. 카운터 오퍼, 즉 다니는 회사에서 붙잡으려고 특별한 제안을 할 때 어떻게 하는 것이 옳으냐에 관한 내용이기 때문이다. 이 꼭지의 제목을 '피해야 할 이직 제안들'이 아니라 '이직 관련해서 피해야 할 제안들'로 잡은 이유도 그래서였다.

이직하려는 회사에 최종 합격하고 연봉협상도 끝나서 다니던 회사에 "퇴사하겠습니다"라고 선언했는데, 연봉도 올려주고 직급도 올려줄 테니 가지 말라며 붙잡는 경우엔 어떻게 해야 할까? 카운터 오퍼를 받으면 수락해야 할까, 거절하고 이직해야 할까? 회사생활을 하면서 이직을 해봤다면 한 번쯤은 겪게 되는 일이다.

경우에 따라 다르다고 생각하는 이들이 많겠지만, 필자의 경험상 카운터 오퍼는 과감하게 거절하고 최종 합격한 곳으로 이직하는 게 답이다.

가만히 생각해보라. 나간다고 하니까 근무조건을 바꿔주겠다는데 왜 진작 그러지 않았을까? 근본적으로 카운터 오퍼가 누굴 위한 것인지부터 물어야 한다. 과연 이직하려는 사람을 위한 것일까? 절대 그렇지 않다.

일 곧잘 하고 열악한 조건에서도 말을 잘 듣던 내가 퇴사하고 나면 그 일을 누가 할까? 인재가 빠져나가는데 그와 같은 사람을 당장 어떻게 뽑을까? 뽑는 데도 시간이 걸릴뿐더러 어떻게 해서 뽑았다고 해도 적응하는 데 몇 달은 걸릴 것이다. 퇴사한다고 하면 사람들도 술렁술렁할 것이다. 그러니 나의 상사인 박 팀장이 막막한 것이다. 막막하니까 퇴사를 막아야 하고 사람을 붙잡아야 한다. 즉, 카운터 오퍼는 나를 위한 것이 아니라 회사와 남은 사람들을 위한 것이라고 봐야 한다.

나가기로 마음먹었으면 나가야 하는데, 카운터 오퍼를 받고는 나가지 못하고 주저앉는 이들이 있다. 필자의 경험에 비추어보면 그런 사람들은 열이면 열, 백이면 백 모두 1년도 못 가서 다시 이력서를 들고 이직할 곳을 물어보고 다닌다. 왜 그렇게 될까?

카운터 오퍼를 수락해서 이직하지 못하고 다시 주저앉았다고 하자. 회사가 약속한 조건이 다음 날 아침에 바로 실현될까? 결재받고 승인

받는 데 한참 걸릴 것이다. 게다가 카운터 오퍼에 주저앉는 성향의 이들은 "약속한 거 빨리 실행해주세요"라는 말을 잘 못하는 사람들이다. 그래서 결국 약속한 것들이 실행되지 않는 경우도 생긴다. 하지만 어쩔 수가 없다. 그때는 이미 이직하려던 회사에 가지 않겠다고 통보한 상태이기 때문이다.

한편 기존 회사에서는 카운터 오퍼를 수락한 사람이 언제든 다시 나갈 가능성이 있는 사람, 배신한 사람으로 낙인이 찍히게 된다. 반차나 휴가라도 쓰면 어디에 면접을 보러 가는 건 아닌지 의심을 받는다. 중요한 업무나 프로젝트에 참여시켜주지 않고 은근히 배제되는 경우가 허다하다.

카운터 오퍼가 약속한 대로 작동해서 급여 인상이 되었다고 해도 문제다. 이것은 말하자면 통상적인 급여 인상 시기가 아닌데 억지로 이루어진 경우에 해당한다. 그렇다면 성과 평가 시기에 좋은 평가를 받아 급여를 또 올릴 수 있을까? 올라도 조금 오르게 되고 다른 직원들의 급여가 모두 오를 때 본인은 상대적으로 덜 오르는 결과가 나오기 십상이다. 본인 스스로도 임금을 억지로 올렸다는 생각에 눈치를 보게 되고, 낮은 평가를 받아도 제대로 항의하지 못하게 된다. 마치 주홍글씨가 쓰인 사람처럼 말이다.

그리고 회사는 그를 조만간 퇴사할 가능성이 매우 높은 인원으로 보고 본인 모르게 대신할 사람을 찾게 된다. 만류해서 붙잡긴 했지만 근본적으로는 그의 퇴사를 준비하는 것이다. 이후에 대체재가 나타나 준비가 끝나면 어떻게 되겠는가? 팽당하기 십상이다.

여러모로 보더라도 이직은 계획대로 이행하는 것이 좋다. 필자가 헤드헌터라서 그렇게 말하는 것이 아니다. 이직을 고려할 때는 신중에 신중을 기하되, 마음을 먹고 이직활동을 해서 최종 합격까지 했으면 과감히 실행하는 게 맞다는 것이다.

애초에 이직을 결심한 사유가 연봉 때문이 아닌 경우에는 더더군다나 카운터 오퍼를 수용해서는 안 된다. 회사의 조직문화, 상사의 성향, 업무 조건 등은 아무래도 바뀌지 않는다고 봐야 하기 때문이다. 따라서 퇴사를 통보했으면 무조건 이직을 실행해야 한다. 주저앉아도 바뀌는 게 하나 없고, 본인만 호구되기 십상이다. 그냥 이직활동을 시작하지 않고 군말 없이 다니는 것만도 못한 결말이 온다. 따라서 카운터 오퍼는 거절해야 한다. 필자의 결론이다.

이직의 돌발변수에 대처하는 법

이직할 회사에서 최종 합격한 다음에는 연봉협의 과정에 필요한 연봉 및 급여 증빙자료를 제출해야 한다. 또한 입사일까지 준비해야 할 입사 관련 구비 서류들도 있다. 이런 자료들은 막상 요청받으면 생소하기도 한 데다 어디서 어떻게 구해야 할지 몰라 허둥거리게 된다. 특히 연봉 관련 자료들은 연봉 책정에 중요한 참고자료라서 괜히 마음이 급해지는 게 사실이다. 그런데 이 자료들은 재직 중이거나 퇴사한 회사에 별도로 요청하지 않고 본인이 직접 확보할 수 있다. 이것들이 무엇이고 어떻게 준비해야 하는지 간략하게 안내한다.

이직 시 필요한 자료와 준비 방법

근로소득원천징수영수증

이 자료는 연봉협의 때 필요하다. 많은 이들이 재직 회사에 요청하는데, 그러면 연봉협의 단계에서 이직활동이 노출될 가능성이 있다. 그러니까 회사에 요청하지 말고 홈택스에 들어가서 직접 출력하는 것이 좋다. 공인인증서만 있으면 바로 출력할 수 있다.

최근 3개월치 급여내역

이 자료 역시 연봉협의 과정에 필요한데, 월별 급여내역은 회사에서 매달 의무적으로 근로자 개인 메일로 보내주게 되어 있다. 그러므로 입사할 때 기재한 이메일로 인사팀에서 보내준 급여내역을 추적해서 확인한 후 잘 저장해두어야 한다. 인사팀에 이 자료를 요청하면 100% 의심받는다.

경력증명 자료

이 자료는 '건강보험자격득실확인서'라고 한다. 연봉협의 후에 입사구비 서류로 제출을 요청받는데, 사실은 이직 과정에서 미리 한 번 받아볼 필요가 있는 자료다. 왜냐하면 이 자료의 내용과 이력서상 경력사항이 반드시 일치해야 하기 때문이다.

경력이 오래된 경우 연도나 월이 헷갈려서 이력서에 오기하는 경우가 심심찮게 있다. 괜히 경력을 늘렸네 줄였네 의심을 받지 말고 미리 받아서 비교, 확인해보는 것이 좋다. 가끔씩 이력서의 경력을 실제와 다르게 적거나 잠깐 재직한 회사를 빼거나 하는 이들이 있는데, 이 자료를 떼어보면 다 나오므로 절대 경력을 부풀리려고 의심받을 행동은 하지 말아야 한다.

건강보험자격득실확인서는 4대 보험 관련해서 세금 납부의 근거자료이기 때문에 본인의 재직 및 퇴사 사항이 죽 정리되어 있다. 일종의 경력자 호적 같은 것으로 평생을 따라다닌다. 국민건강보험공단(1577-1000)에 전화해서 건강보험자격득실확인서, 건강보험 전체 내역을 요청하면 5분도 안 되어 바로 팩스로 보내준다.

최종 학력증명서

졸업한 학교의 포털서비스로 출력하는 방법이 있고, 민원24에서도 공인인증서만 있으면 출력 가능하다.

재직 회사에서 작성한 고용계약서나 연봉계약서 등은 받자마자 사진으로 찍어두는 것이 좋다. 나중에 필요할 때를 대비해서 말이다. 받아놓고 어디에 두었는지 몰라서 허둥대지 말고 다 돈이 되는 자료라 생각하고 사진으로 남겨두면 제때 활용할 수 있다.

이처럼 필요한 자료들은 모두 재직 회사나 이전 회사에 요청하지 않아도 구할 수 있다. 퇴사한 회사에 전화해서 민망하게 달라고 할 필요도 없고, 재직하는 회사에 요청해서 이직을 준비 중이라는 의심을 받거나 들킬 우려도 없다. 게다가 회사에 요청하면 하루 이틀 걸릴 수 있는 일이라서 마음이 급하고 쫄려서 아쉬운 소리를 하기 십상이다. 본인이 그다 어렵지 않게 확보할 수 자료들이란 점을 인지하고 챙겨두는 것이 좋다.

퇴사 통보기간은 반드시 지켜야 할까?

필자의 회사는 매해 200케이스 정도의 채용을 성사시키는데, 최종 합격 이후 연봉협의까지 잘 마무리가 된 케이스들 가운데 절반 정도는 퇴사 일정 때문에 이슈가 생긴다. 채용을 오래 해온 헤드헌터사 입장에서는 종종 있는 일이라서 익숙한데, 이직하는 당사자에게는 아주 어려운 문제가 퇴사 일정이다.

대부분의 이직 당사자들은 퇴사할 때 기존 회사에 매우 송구한 마음이 들어 말하기도 어려워한다. 인지상정이다. 특히 처음으로 이직하는 이들은 퇴사 통보를 아주 힘들어한다. 그래도 결심해서 좋은 곳으로 가는 거니까 어려워도 해야 한다.

그렇게 퇴사 통보를 하면 기존 회사에서 인수인계 등을 이유로 1개월 근무 이후 퇴사를 요구하게 된다. 여기서부터 문제가 시작된다. 이직하는 회사의 입사 일정이 1개월 후라면 아무런 문제가 없는데, 그렇지 않을 경우에 난감한 것이다. 물론 일반적으로는 채용사에서도 4주라는 기간을 지켜주려고 하지만, 그렇지 않은 경우가 '간혹' 있다. 빠른 입사가 필요하다며 2주만 주는 경우도 있다. 5월 15일을 기준으로 들어가려는 회사에서는 6월 1일부터 출근해달라고 하는데, 기존 회사에서는 6월 14일까지 근무해달라는 식이다. 조금 전 '간혹'이라고 표현했지만 실제로는 진짜 많다. 여기서 더 이상 협의가 안 되면 어떻게 해야 할까?

첫 번째 방법은 남은 연차를 사용하는 것이다.

근로기준법상 매해 15일 정도의 연차가 발생(2021년 기준)하므로 이 연차를 이때 몰아서 쓰면 된다. 5월 말일까지 근무하고, 6월 1일부터 14일까지 연차를 쓰고, 새로운 회사에 6월 1일부터 출근하는 것이다.

여기서 의문을 품는 이들이 있을 것이다. 퇴사 처리가 안 된 상태에서 다른 회사에 입사하면 행정적으로 문제가 생기지 않느냐는 것이다. 전혀 문제되지 않는다. 재직 상태에서 다른 회사에 입사 처리가 되면 별도의 조치를 취하지 않아도 자동적으로 기존 회사와의 근로계약이 만료되어 4대보험 등 행정 처리가 문제없이 이루어진다.

그런데 연차가 없으면 어떻게 할까? 어쩌다 보니 당겨써서 남은 연차가 없다면? 연차가 없기도 쉽지는 않은데 실제로 연차도 없고, 다른 방법도 없고, 양쪽 회사 모두 다 조정이 안 된다고 하고, 다니던 회사에서 펄쩍펄쩍 뛰면서 무조건 한 달을 채워야 한다고 하면 어떻게 해야 할까?

두 번째 방법은 그냥 출근하는 것이다.

그래도 법은 근로자의 편이다. 물론 그냥 출근해버리면 다니던 회사에서 욕을 좀 먹게 된다. 이런 일 없이 연차로 해결되면 제일 좋지만,

만약 해결이 안 되어 법대로 한다면 법은 내 편이란 것이다. 적용되는 조항은 근로기준법 제7조 '강제근로의 금지'다. 이 조항에 따르면 자유를 부당하게 구속하는 수단으로써 근로자의 자유의사에 어긋나는 근로는 강요하지 못하게 되어 있다. 즉, 근로자의 퇴사 의지는 기존 회사에서 막을 수 없게 되어 있다. 나의 이직은 법으로 견고하게 보호받고 있는 것이다.

그런데 채용계약할 때 본인이 사인한 것 때문에 걱정이 생길 수 있다. 즉, 퇴사 통보기간 30일에 동의하고 서명했으니 그걸 어기면 법적으로 문제가 되어 불이익을 받는 게 아닌가 걱정할 수 있다. 하지만 걱정하지 않아도 된다. 일반적으로 4주, 30일 등의 퇴사 통보기간이 설정되어 있는 것은 민법 제660조 '기간의 약정이 없는 고용의 해지통고'의 2항인 '상대방이 해지의 통고를 받은 날로부터 1월이 경과하면 해지의 효력이 생긴다'라는 부분 때문인데, 이 법도 30일을 꼭 근무하도록 만든 것이 아니라 회사에서 사표를 받고도 몇 달씩 수리해주지 않아 근로자가 피해를 보는 일이 없도록 방지하기 위한 조항, 즉 근로자를 보호하기 위한 것이다. 근본적으로 근로자를 방어하기 위한 조항이지 괴롭히기 위한 조항이 아니기 때문에 걱정할 이유가 없다.

이래도 걱정하는 사람이 있을 수 있다. 가령 무단퇴사로 영업적 손해를 끼쳤다 하여 회사에서 손해배상을 청구하면 어떻게 하냐고 물을 수 있다. 사실 이 정도면 걱정이 지나칠 정도로 많은 상태이고, 퇴사하면서 스트레스를 너무 많이 받은 것으로 봐야 한다. 하지만 이 또한 꼼꼼히 따져보면 걱정할 일이 아님을 알 수 있다. 근로자가 퇴사 통보를 하고 바로 다음 날부터 출근을 안 했다고 치자. 이때 회사가 근로자의 무단퇴사로 업무적 손해를 입었다고 주장하려면 그 내용을 일일이 다 증명해야 한다. 그런데 그러려면 비현실적인 전제가 필요하다. 후보자가 퇴사했는데 그가 하던 일을 대신할 수 있는 사람이 회사 내에 단 한 명도 없어야 하고, 그 일이 잠시 진행되지 않음으로써 회사 업무가 제대로 돌아가지 않아 심대한 타격을 입거나 주요 계약이 결렬되어야 한다. 어느 누구 하나가 퇴사한다고 회사에 이런 심각한 상황이 벌어질까? 실제로 그렇다면 퇴사하게 내버려두지도 않았을 것이다. '한 달만 더 일하고 퇴사하라'는 게 아니라 사정사정을 해서라도 카운터 오퍼를 세게 날릴 것이다. 회사에서 이러한 사항을 하나하나 입증하면서까지 30일을 더 근무시키려고 할까? 그럴 가능성은 거의 없다.

그런데 만에 하나 회사에서 너무 열받아서 손해배상을 청구했다고 치자. 그래도 우리 대한민국의 근로기준법은 근로자를 우선 보호하게 되어 있다. 무단퇴사로 인한 손해배상보다 먼저 적용되는 법이 바로 근로기준법 제7조 '강제근로의 금지'이기 때문에 일반적인 퇴사 케이스는 모두 보호를 받는다. 퇴사하면서 기밀을 빼가거나 기물을 파손하거나 훔쳐간 것이 아닌 다음에는 말이다.

상황 설정 자체가 다소 극적이고 일어나서는 안 되지만, 근로활동의 권리가 법으로 보호받고 있다는 사실을 알면 이직활동에 도움이 될 것이다. 물론 가장 좋은 것은 순리에 맞게 눈물 찔끔 흘리면서 격려의 박수를 받으며 기존 회사에서 퇴사한 다음 축하와 환대 속에서 새로운 회사로 이직하는 것이다.

채용사에서 취소 통보가 오면?

이것도 이직 과정에 있는 이들이 불안해할 수 있는 문제이고, 이직할 때 채용사와 맺는 근로계약서 서명의 문제이기도 하다. 모든 채용 프로세스가 끝나고 최종 합격 통보와 연봉, 직급 등의 협의도 완료된 상태이고, 다니던 회사에도 퇴사 통보를 했다고 치자. 다만 아직 채용사와 계약서에 사인하지 않은 상태다. 이런 경우도 꽤 많은데, 이때 불안감이 드는 것도 인지상정이다. 그런데 불안감이 현실이 된다면? 채용사에서 입사일에 계약서 서명만 하면 된다고 얘기했는데 중간에 돌발변수가 생겨 채용사에서 취소되었다고, 채용할 수 없다고 통보해온다면?

후보자로서는 상상조차 하기 싫은 상황이다. 그런데 결론부터 말하면, 전혀 불안해하지 않아도 된다. 이 역시 법으로 보호받을 수 있다. 좀 더 정확하게 말하면, 후보자가 채용 과정에서 헤드헌터나 인사담당자로부터 받은 최종 합격 통보와 입사 조건이 포함된 이메일, 문자메시지가 근로계약서와 같은 법적 효력을 지닌다. 따라서 입사를 앞두고 채용사에서 일방적 취소 통보를 받았더라도 보호를 받을 수 있다. 최근 판례에서도 채용을 취소한 채용사에서 근로계약을 맺지 않았더라도 해당 구직자에게 이메일로 제시한 연봉을 보전해줘야 한다는 판결이 있었다. 앞서 말했듯이 우리나라의 근로기준법은 근로자 보호가 최우선이다. 그러니 채용 과정에서 받은 최종 합격 통보와 이직을 제안받은 내용이 담긴 이메일이나 문자메시지만 잘 보관해두면 된다.

또 하나 생각해볼 만한 경우로 입사일에 맞춰 계약서에 서명하러 갔는데 이전에 말한 내용과 다르면 어떻게 할 것인가의 문제가 있다. 이 역시 같은 원리로 이메일과 문자메시지를 근거로 제시해서 당시에 협의한 조건을 주장할 수 있다.

여기서 근로계약서에 서명할 때 참고할 사항이 있다. 앞서 '이직의 꼴불견 유형'을 얘기할 때도 언급했는데, 잘 모르는 이들이 많아 다시 설명한다. 회사마다 차이가 있지만 근로계약서에는 보통 기본급만 기재하지 변동급은 기재하지 않는다. 그래서 '협의할 때 말한 것과 다르다', '이것은 나를 기만하는 거 아니냐'라고 따지는 이들이 있는데, 그렇게 하는 게 정석이다. 근로계약서에는 12개월 동안 무조건 받는 금액, 100% 보장된 금액의 총액만 적는다. 인센티브나 성과급과 같은 변동성 급여는 근로계약서에 명시하지 않는다. 그러니까 어떻게 될지 모르는, 1%라도 불확실한 정보는 일반적으로 기재하지 않는 것이다. 간혹 기재하는 경우가 없지 않지만 매우 드문 사례라고 보면 된다.

물론 이와 같은 문제들이 발생하지 않는 것이 제일 좋을 것이다. 그러려면 간단하다. 연봉협의가 완료된 후 바로 근로계약서에 서명하면 된다. 사실 이것이 최선이고 후보자에게도 좋다. 연봉협의가 마무리되는 대로 서명을 요청하고 4주 뒤 입사하는 것으로 날짜를 설정하면 정석대로 하는 것이다. 필자가 강력 추천하는 방법이다.

계약이란 어느 경우에나 조심스럽다. 특히 이직을 앞둔 채용사와의 계약은 더 그렇다. 입사하기 전에 계약서 작성을 요구하는 것은 당사자의 정당한 권리이고, 채용 과정에서 약속한 모든 사항은 당연히 지켜야 할 당사자들의 의무다. 이런 권리와 의무를 양자가 성실히 이행하도록 뒷받침하는 것이 법이고, 특히 상대적 약자인 근로자를 우선 보호하는 것이 마땅하다.

불안하고 고민이 많은 이직의 시기에 근로자는 법으로 확실히 보호받고 있다는 점을 인지하고, 안심하고 입사 준비에 소홀함이 없도록 하면 될 것이다.

아름다운 퇴사의 정석

이직은 반드시 퇴사를 수반한다. 이직 없는 퇴사는 존재하지만, 퇴사 없는 이직은 존재할 수 없다. 그런데 퇴사라는 것이 업무상의 절차이긴 해도 또 하나의 이별인지라 인간관계적으로 처신에 유의할 필요가 있다. 퇴사하면 안 되는 시기도 있고, 퇴사를 '잘' 하는 방법도 있는 것이다.

오랫동안 헤드헌팅 업무를 진행하면서 퇴사를 엉뚱한 시기에 잘못해서 경력이 망가지는 케이스를 수없이 보았다. 그래서 '퇴사의 정석'을 알려주고자 한다(전에는 주로 1970년대생들에게 해당되던 '퇴사의 기술'이 이제는 1980년대생들에게 적용될 만한 시점이 되었다. 그래서 필자와 같은 또래이기도 한 1980년대생들을 위한 '퇴사의 정석'을 준비했다).

퇴사하면 절대 안 되는 경우

필자의 경험상 퇴사하면 안 되는 경우로 크게 3가지가 있다.

첫째는 조직의 구성원, 특히 상사의 변화에 좌불안석할 때

"저기…, 새로운 디렉터가 오셨는데 절 싫어하시는 것 같아요. 이직할까 합니다", "제가 모시던 상무님이 퇴사하셨어요. 저도 나가야 하나 싶어요"라며 나가려고 한다.

둘째는 승진에서 누락되었을 때

승진이 안 되었다고 마음이 상해서 나가는 것도 그렇지만, '나더러 나가라는 건가?'라며 한참을 생각하다가 짐을 싸서는 곤란하다.

셋째는 회사의 구조조정 대상에서 제외되었을 때

구조조정을 실시하는 회사에 정나미가 떨어져 갑자기 회사를 떠나겠다고 한다. 또는 '작년에 퍼포먼스가 별로여서 나도 내보내려고 했는데 미안해서 말을 못하고 있는 게 아닌가?' 지레짐작하고는 '이참에 희망퇴직으로 몇 개월치 급여를 받아서 이직이나 하자'는 식으로 나온다.

3가지 경우를 관통하는 키워드는 '자격지심'이다. 자신감이 없어 흔들리는 것인데, 불만이 있을 수 있지만 이런 경우에는 반드시 참아야 한다.

필자가 아는 어떤 이는 정말 괜찮은 회사에 있다가 구조조정을 할 때 본인이 대상자가 아닌데도 조직을 떠났다. 회사에서도 나가지 말라고 하고, 헤드헌터인 나도 "왜 나가시냐? 제발 그냥 있으시라"고 조언했는데도 부득불 그만두겠다며 6개월치 급여를 받고 나왔다.

그는 이후에 어떻게 되었을까? 무려 2년 반 동안 새 직장을 구하지 못하고 놀아야 했다. 왜 그렇게 되었을까? 이유는 간단하다. 구조조정 시기에 퇴사하여 취업시장에 쏟아져나온 이들을 기업들이 어떻게 생각할까? 능력이 없어서 잘린 사람들로 본다. 그러니 그들을 뽑기에 주저하는 것이다. 게다가 괜찮은 회사에서 구조조정을 했다는 것은 그 시기에 업계의 경기가 그만큼 좋지 않았다는 의미인데, 그때 밖으로 나오면 비슷한 사정의 경쟁사들에서 신규 채용이 있을 리 없다. 비바람이 불면 울타리 안에서 가만히 있어야 하는데, 괜히 밖으로 나왔다가는 번개를 맞기 십상인 것이다.

우리는 회사라는 조직이 얼마나 냉정한지 잘 알고 있다. 나가야 할 사람에겐 바로 나가라고 하는 게 회사다. 지레짐작할 필요가 없다. 혼자 찔려서 미리 사표 쓰고 그럴 이유가 없다. 그런데도 '이사님이 나한테 다른 일을 시키시네…. 나가라는 건가?'라는 식으로 생각하는 경우가 정말 많다. 오랜만에 헤드헌터에게 연락해서 이직 상담을 하는 이들의 대부분이 이처럼 말도 안 되는 이유로 고민한다.

새로운 상무님이 왔는데 본인이 왜 나가야 하는가? 나이 어린 이사님이 왔다고 왜 나가야 하는가 말이다. 구조조정에서 살아남았다면 회사에서 필요한 사람으로 증명된 것이고 한두 달 후에 조직이 다시 구성되면 새로운 역할과 업무로 잘할 생각을 해야지 도대체 왜 회사를 그만둔단 말인가? 나가라고 하면 그때 나가면 된다. "제발 나가달라"는 말을 듣고 나가도 늦지 않다. 혼자만의 아집과 과대망상에 휘둘리다가 우스운 꼴을 당할 이유가 없는 것이다.

퇴사는 좋은 기회가 있을 때 하는 것이다. 조직의 변화에 마음이 흔들려서 웃기지도 않은 자격지심과 불안감으로 퇴사할 필요가 없다. 그런데도 회사원들은 그런 상태에 놓이면 마치 뭔가에 씐 것처럼 행동한다.

만약 지금 퇴사를 심각하게 고민하고 있다면 '퇴사하면 안 되는 3가지 경우'를 상기하면서 '지금 퇴사하면 안 된다. 큰일 난다'를 되뇌고 다잡아야 한다.

어려운 퇴사 '잘' 하는 법

많은 이들이 직장생활하면서 가장 어려웠던 순간의 하나로 퇴사를 꼽는다. 헤드헌터로 일하면서 가장 많이 듣는 이야기 중 하나도 '퇴사하려는데 이런 게 저런 게 어렵다'는 것이다. 그래서 어떻게 하면 어려운 퇴사를 좀 더 아름답고 환하게 할 수 있는가에 대한 팁을 공개하려고 한다.

첫째, 욱해서 퇴사하면 안 된다는 것이다.

비교적 경력이 짧은 이들이 많이 저지르는 실수인데, 순간적으로 빡

쳐서 씩씩거리며 퇴사해버리겠다는 식의 행동은 절대 하지 말아야 한다. 욱해서 퇴사하는 경우들을 보면 논리도 없고 이유도 부족한 것이 대부분이다. 그래서 사직서를 쓰거나 상사에게 말할 때 정작 열받은 이유보다는 예전에 섭섭했던 부분들을 하나하나 끄집어내어 설명하는 경우가 많다. 그러면 그것을 듣거나 읽는 상급자는 어처구니가 없어지고, 짜증이 나기 시작하고, 정이 뚝 떨어져 괘씸하다는 생각까지 들게 된다. 이때부터 퇴사가 꼬이기 시작하여 회유가 아닌 협박 비슷한 얘기를 듣게 될 가능성이 높다.

그러니 욱했을 때는 어떤 결정도 내리면 안 된다. 욱해서 퇴사하는 경우가 손해도 제일 크기 때문에 그럴 땐 차라리 사람들을 만나서 하소연하고 풀어내는 게 훨씬 낫다.

둘째, 퇴사하는 이유를 '미래'라고 말한다.

지금의 회사가 나빠서가 아니라 본인의 더 나은 미래를 위해서, 앞으로의 목표와 계획을 실행하기 위해서 퇴사한다고 이야기하는 것이 좋다. 미리 대본을 만들어 설명하면 더 좋을 것이다.

회사든 상급자든 정말 내보내고 싶은 직원이 아니라면 누군가 퇴사한다고 할 때 아쉽고 무거운 심정이 된다. 그래서 도움을 주고 싶어 하고 새로운 제안을 하게도 된다. 하지만 직원의 미래에 도움이 될 방도가 없다면 회사에서도 잡을 명분이 없게 된다.

퇴사의 변은 일을 못 해먹겠다는 식의 이유가 아니라 미래를 위한 선택으로 정리하는 것이 제일 낫다. 그러면 퇴사가 한결 가볍고 순조

로울 것이다.

셋째, 급히 나가지 않는다.

이별 중에서 가장 아픈 이별은 급작스러운 이별이다. 조직을 떠나더라도 급히 나가야 하는 상황은 피하는 것이 좋다.

그런 면에서 회사에도 시간을 줄 필요가 있다. "회사에서 당장 나가라고 하면 어쩔 수 없지만, 제게도 이런저런 사정이 있고 정리할 시간이 필요합니다. 한 달 동안 업무에 공백이 없도록 충실히 인수인계하겠습니다. 혹여 후임자 선정이나 채용에 시간이 많이 걸려 한 달이 넘으면 곤란하겠지만, 차질이 없게 방법을 찾아보겠습니다"라는 식으로 세련된 접근을 하는 것이 좋다.

넷째, 피하지 말고 양해를 구한다.

퇴사를 통보하고 나서 회사가 원하는 기간을 채우지 못하고 나가야 하는 상황이라면 정중히 양해를 구해야 한다. 돌연 잠수를 타거나 전화나 문자로 일방적 통보를 하지 말고, 본인의 현재 상황을 정리해서 이메일로 알리고, 직접 찾아가 양해를 구하는 것이 현명하다.

물론 법대로만 하겠다면 그냥 무단으로 퇴사해버려도 된다. 그러나 이렇게 하면 서로 불편해지고 내심 불안해지는 상황이 벌어진다. 사람들에게 무례한 사람으로 비치기 쉬우니 그러지 말고 메일과 대면 상담을 통해 해결하기 바란다.

다섯째, 본인의 상황을 솔직하게 이야기한다.

직장 상사나 동료에게 본인의 상황을 거짓 없이 솔직하게 말하라는 것이다. 어쩌면 이것이 제일 중요한 퇴사의 원칙이고, 꼭 퇴사가 아니어도 회사생활에 꼭 필요한 처신이다. 애써 숨기거나 거짓말을 하게 되면 나중에 무슨 일로든 꼬이게 되어 있다.

어떤 조직의 누구나 함께하던 동료가 퇴사한다고 하면 섭섭한 마음이 들게 마련이다. 그래서 괜히 미워지기도 하고 까칠해지기도 하는데, 그동안 잘 지냈든 아니든 마음이 안 좋은 사람에게 거짓말을 해서 더 안 좋은 감정을 남기고 관계를 악화시킬 필요가 없다. 설사 바보 소리를 듣는 한이 있어도 솔직해야 좋은 사람으로 기억될 수 있다.

마지막으로 기억할 것은 퇴사는 늘 어렵고 후회가 따라오는 법이라는 사실이다. 따라서 신중에 신중을 더해 고민하고, 정말 해야 하는지 다시 한 번 점검해봐야 한다. 그만둘 이유 한두 가지 때문에 다녀할 이유 10가지를 놓쳐버리는 우를 범하는 것이 아닌가, 내가 초심을 잃고 변한 것을 회사 탓, 다른 사람 탓, 상황 탓으로 돌리는 것은 아닌가 따져봐야 한다.

정리하면, 퇴사는 본래 어려운 일이고, 잘못하면 본의 아니게 문제가 생기기도 하는 것이다. 그럼에도 퇴사를 꼭 해야겠다면 당당하고 솔직하게 의사를 표현하고, 그간 함께한 사람들이 걱정하지 않도록 퇴사 후의 목표와 계획을 잘 준비해서 이야기하는 것이 좋다. 그리고 그동안 월급 주고 성장시켜준 회사에 마지막까지 성실한 모습을 남기고 퇴사하는 것이다.

퇴사 후 공백을 즐겨라

필자는 앞에서 무작정 퇴사해서 이직하지 말고, 무조건 재직 중 이직을 추구하라고 이야기했다. 하지만 사람이 살다 보면 반드시 합리적이고 현명한 선택만 내리는 것도 아니고, 어쩔 수 없는 사정이란 것도 있게 마련이다. 이미 퇴사를 결정했거나 해버린 이들도 있을 것이다. 그들을 위해 드리고 싶은 이야기가 있다.

이왕 퇴사했다면, 퇴사할 결심을 굳혔다면 불안감을 거두고 자신만의 시간을 가져보길 권한다. '계속 놀게 되면 어쩌지?', '취업 못하면?', '돈을 못 벌면?'이라는 생각으로 불안하게 보낼 필요가 없다.

세상일이란 게 그렇다. 역량과 경력이 조금이라도 있는 사람들은 어떻게든 제자리를 찾아간다. 언젠가는 일하게 된다. 원하는 직장에 가면 좋겠지만, 못 가더라도 아주 '폭망'하지 않는다. 인생살이가 그렇게는 안 되니까 너무 걱정하지 않아도 된다.

이렇게 말하는 데는 근거가 있다. 필자가 헤드헌팅을 하면서 수많은 이들을 만났는데, 기간의 차이는 있지만 결국 다시 취업을 했다. 그래서 하는 말이다. 퇴사 후 다시 취업할 때까지 그 기간을 방학처럼, 휴가처럼 보내도 된다. 영어 공부를 해도 좋고, 몸을 만들어도 좋고, 악기를 익혀도 좋다.

퇴사 이후 공백은 살면서 다시없을 꿀 같은 시간이다. 다시 취업하면 이런 시간이 또 없다. 수입이 없어서 사는 건 조금 팍팍하겠지만, 제대로 살아왔다면 굶어죽지는 않을 것이다. 그러니까 너무 조마조마 안달복달하지 말고 휴가를 쓴다고 생각하고 배울 거 배우고, 하고 싶은 거 하면서 본인의 인생을 살찌우는 시간을 가지면 된다.

필자가 만난 후보자들 중에서 두 사람의 예를 소개한다. 한 후보자는 세상없이 좋은 스펙의 사람이었는데, 오래 다니던 일류 기업을 그만두고 나서 매일매일을 전전긍긍 걱정하면서 지옥처럼 보냈다. 그렇게 2년 넘게 지냈으니 2년을 지옥 속에서 산 것이다. 퇴사한 날부터 월급이 없는 삶을 불안해했는데 결과적으로 2년 동안 돈을 벌지 않고도 살았다. 만약 2년 동안 뭐라도 했다면 어땠을까? 몸을 만들거나 취미를 갖거나 어학을 공부하거나 했다면 달라지고 발전하지 않았을까? 다시 취업한 그는 "이럴 줄 알았으면 맘 편하게 하고 싶은 거 하면서 보낼걸 그랬어. 지난 2년 동안 너무 늙어버렸어…"라며 후회했다.

다른 후보자는 오래 다니던 회사를 나오자마자 어학공부를 시작하고 몸을 만들었다. 공백기간에 본인을 살찌운 것이다. 그렇게 1년을 살다가 더 규모가 큰 외국계 기업에 입사하고 연봉도 만족스럽게 받았다. 그는 쉬는 동안 몸도 잘 가꿔서 디스크 문제도 해결하고 5년은 더 젊어진 듯 보였다. 막상 퇴사할 때는 불안했지만, 그때마다 '산 입에 거미줄 치겠냐', '언제 또 쉬어보겠나. 1년 정도 쉴 수도 있는 거다'라고 생각하고 하루하루를 즐겼다고 한다.

퇴사 후 공백을 피할 수 없다면 그 공백을 지옥으로 만들지 말고 인생에 다시없을 휴가라 생각하고 즐기고 가꾸는 것이 정답이다. 매일을 지옥처럼 살다가 면접에 나간 사람은 얼굴이 썩어 있고 초조하고 불안한 기색이 만연하여 갖고 있는 실력마저 드러내지 못한다. 반면에 방학처럼 보낸 사람은 좋은 혈색에 온몸에 넘치는 긍정적 에너지가 면접관에게 전달된다. 3장에서 이야기했듯이 면접은 실력보다 자신감과 인간적 매력, 자존감으로 승부하는 것이다. 공백을 즐기는 사람이 무직의 상태에서 벗어나기에도 유리한 것이다.

경력상의 공백은 누구에게나 있을 수 있는 일이다. 그 시간을 직장생활로 잃어버린 자신의 자존감과 일상을 회복하고 에너지를 보충하는 인생의 기회로 만들 수 있다면 좋지 않을까? 불경기네 구직난이네 해도 열심히 역할에 충실하게 살았던 나의 자리는 분명히 있을 거라는 생각으로 휴가를 즐기다 보면 다시 제자리를 찾아가게 될 것이다.

5장

몸값을 올리는
연봉협상의 모든 것

내 연봉은 왜 이럴까?

이 장에서는 연봉에 대해 집중적으로 다룰 것이다. 먼저 연봉을 올리려면 어떻게 해야 하는지에 관한 일반론을 살펴보고, 이어서 이직 과정의 연봉협상을 세부적으로 알아볼 것이다.

연봉이 낮은 사람들의 특징

돈 이야기를 하다 보면 어쩔 수 없이 사람들의 마음에 상처를 주는 경우가 있다. 그래도 현실은 정확히 파악하고 있어야 한다.

대기업 오너의 자녀와 같이 소수의 예외는 있겠지만, 자본주의사회에서 돈은 대체로 정직하다. 한 사람의 연봉도 그렇다. 연봉은 사회에서 파악한 그 사람의 가치에 상응한다. 좀 더 세부적으로는 업계에서 파악한 그 사람의 가치라고 말할 수 있다.

그런데 연봉이 높은 업종이 있고 낮은 업종이 있다. 특정 업종의 연봉이 높은 이유는 그 업종이 사회에 보다 많은 부가가치를 생산하기 때문이지만, 여기에는 고려할 부분이 있다. 해당 업종에 종사하는 개개인의 역량뿐 아니라 여러 사회적 맥락이 복합적으로 작용하기 때문이다. 연봉이 높은 업종이라고 해서 그에 속한 개인의 역량이 모두 뛰어나다고 볼 수는 없다는 것이다. 물론 유능하다고 평가받는 사람들의 상당수가 높은 연봉의 업종으로 가려고 하고 실제로도 그렇지만, 각자의 기호라는 것이 있어 그렇게 행동하지 않는 사람들도 꽤 있다. 마찬가지로 연봉이 낮은 업종에 종사한다고 해서 그것을 개인의 무능함을 나타내는 지표로 삼을 수는 없다.

하지만 같은 업종이라면 이야기가 달라진다. 그 안에서 연봉의 상대적인 격차는 해당 업종에서 평가하는 개인의 가치를 반영한 것으로 볼 수 있다. 여기서 '연봉이 낮은 사람들'이라고 지칭한 것도 그와 같은 상대성을 감안한 표현이다. 사실 연봉은 재직하는 회사의 업무 내용이나 특성에 따라서도 천차만별일 수 있지만, 여기서는 남들과 비슷한 조건에서 유독 연봉이 낮은 이들의 특징을 살펴보려고 한다. 경력은 쌓이는데 높은 연봉을 기대하기 어려운 케이스에 더해 연봉을 깎아먹는 케이스도 함께 다루려고 한다.

직장인들, 경제적으로 말하면 급여생활자들은 모두가 높은 연봉을 바란다. 그래서 더 나은 연봉을 쫓아 이리저리 옮겨다니기도 한다. 유난히 연봉을 따라 다니는 사람들도 있다. 다른 회사에서 조금만 높게 준다고 하면 금세 옮기는 이들, 업종 자체마저 바꿔버리는 이들, 회사 잘 다니다가 월급이 자기 기준에 못 미친다며 갑작스레 그만두는 이들이 있다.

그런 사람들은 어떻게 될까? 역설적이지만 직장생활의 연차가 쌓여도 연봉은 계속 그 자리에 머물러 있다. 왜냐하면 연차만 쌓이지 경력은 쌓이지 않기 때문이다. 수준은 월급 200만 원 정도의 사회 초년생과 별 차이 없는데, 300만 원 400만 원을 주면서 고용할 회사는 없기 때문이다. 기술도 실력도 성과도 없이, 회사와 일에 대한 로열티도 없이, 열심히 배워도 모자랄 시기에 연봉 꽁무니를 쫓아다니면 돈이 잡힐 리 만무하다. 연봉에 너무 목을 매다 보면 오히려 높은 연봉을 받지 못하는 역설이 탄생한다.

그들의 연봉이 낮은 가장 큰 이유는 무엇보다 실력 부족이다. 한마디로 가르칠 게 많은 사람들이란 말이다. 그들에겐 회사에서 돈을 많이 줄 수 없다. 그리고 비슷한 얘기지만 성과 부족이다. 뭐라도 내놓아야 예뻐하고 더 줄 마음이 생길 텐데, 해놓은 것이 별로 없는 것이다. 실력도 부족하고 성과도 부족하면 그 사람은 언제든 대체 가능한 인력으로 취급된다. 대체 가능한 이에게 많은 돈을 지불할 회사가 어디 있겠는가. 다들 알고 있겠지만 기업은 개인보다 훨씬 영리하고 합리적으로 결정한다. 손해 보는 장사는 하지 않는다. 그러니 고비용 저효율 인재를 쓸 이유가 없는 것이다.

그런데 만약 그런 대체 가능한 인력이 월급이 적다며 징징거리기까지 한다면 어떻게 될까? 그런다고 월급을 더 줄 수는 없는 노릇이다. 그러다가 퇴사까지 해버리면? 이제 좀 실력이나 경험이 쌓이는가 싶었는데 버티지 못하고 나가버리는 셈이 된다.

그러나 다른 곳에 간다 해도 사정은 달라지지 않는다. 10만 원 더 준다고 해서 회사를 옮겼는데 비슷한 상황이 반복되는 것이다. 옮긴 회사에서도 옆에 있는 직원과 실력이 비슷한데 그보다 덜 받는다고 생각하게 된다. 실제로 실력이 엇비슷하더라도 성과가 없어 덜 받는 것인데 그 생각은 하지 못하는 것이다.

그래서 또 나간다. 이제는 이 업계가 사람대우를 안 해준다며 아예 새로운 일을 시작한다. 그러면 또 어떻게 될까? 그나마 이전 업계에서 쌓은 경험도 활용할 수 없고, 사실상 처음부터 다시 시작해야 한다. 회사 입장에서 보면 사회 초년생과 다름없는 사람, 능력도 실력도 없어서 누가 붙들고 가르쳐야 할 게 많은 인력이 되어버린다.

이렇게 이리저리 기웃거리다가 2~3년을 보내버리면 어떻게 될까? 처음에 같은 회사에 다니던 동료랑 소주 한잔해보면 알게 된다. 돈을 쫓아다닌 그보다 동료가 더 높은 수준의 연봉을 받고 있다. 동료는 회사에서 착실히 실력을 쌓아 성과를 인정받고, 이력서도 건강해 보인다. 그가 그것을 활용해서 더 나은 조건의 더 큰 회사로 이직한다고 하면 격차는 더 벌어지게 된다.

이제 그들의 연봉이 낮은 이유가 명확히 보일 것이다. 맹목적으로, 근시안적으로 돈만 너무 쫓았기 때문이다. 세상은 그런 부류의 사람들을 금세 알아차린다. 실력도 없는데 연차만 쌓여서 몸값만 비싸다면 채용하기가 어려워진다. 그러면서 시간이 갈수록 가성비가 떨어지는 인력이 된다.

이 같은 이치는 거의 모든 일에서 확인된다. 단순히 몸을 쓰는 일이라 해도 신입과 경력 3~4년차는 그 차이가 어마어마하다. 처음부터 돈을 잘 버는 일이란 없다. 의사나 변호사 같은 고소득 전문직도 처음부터 잘 버는 것 같지만 그렇지 않다. 남들 돈 벌 때 돈 한 푼 못 벌면서 죽어라 공부한 몇 년의 세월이 있다. 그 시간을 견뎌냈기에 고소득을 올릴 수 있게 된 것이다. 그들조차 사회생활 초기에는 '그 고생, 그 공부를 하고 한 달에 버는 돈이 겨우 이거라니…'와 같은 기운 빠지는 감상에 젖기도 한다.

구르는 돌에는 연봉이 쌓이지 않는다

모든 사람이 마찬가지다. 연봉을 많이 올리고 싶다면 대체 불가능한 인력이 되어야 한다. 그런데도 사람들은 그런 관점에서 생각하지 않는다. 학생들에게 "어디 취업하고 싶니?"라고 물어보면 앞뒤 맥락 없이 "사무직이요"라고 대답하는 경우가 꽤 있다. 그래서 그의 이력서에 꼭 사무직을 해야 하는 이유나 어떤 맥락이라도 있는지 살펴보면 아무것도 없다. 그래서 "근데 왜 사무직을 하고 싶니?"라고 다시 물어보면 "편하니까요"라고 말한다. "아무 데든 사무직이면 된다고?"라고 다시 물어보면 그렇다고 한다.

이런 친구들이 나중에 회사에 들어가면 월급이 적다며 쉬이 그만둔다. 본인만 적게 준다고 생각한다. 막상 사무직으로 들어가 보니 판매직 동료보다 적게 받는다고 느끼는 것이다. 그러고는 다시 판매직을 하고 싶다고 말한다. "판매직은 왜?"라고 물어보면 "돈을 많이 주니까요"라고 한다. 그렇게 어찌어찌 판매직을 시작했다가는 또 얼마 지나지 않아 그만둔다. 판매직이 너무 힘들어서다. 본인은 사무직 경력도 있는데 동료보다 돈을 적게 주는 게 싫다는 것이다. 그것을 차별이라고 생각한다.

이런 얘기를 들으면 어떤 느낌이 드는가? 조금은 극단적으로 이야기했지만, 답은 분명하다. 연봉이 차근차근 오르고 쌓이는 이들은 본인의 커리어를 차근차근 만들어가는 사람들이다. 그렇게 해서 경력이 5년이나 6년쯤 되었을 때 비로소 본인의 가치를 인정받고 시장에서 좋은 평가를 받아 더 높은 연봉을 받으며 사회생활을 하는 것이다. 구르는 돌처럼 6개월이나 1년 정도 일하고 퇴사하고 이직하는 생활의 반복으로는 연봉이 쌓일 수 없다.

연봉은 물론 중요하다. 그렇지만 연봉은 100만 원, 1,000만 원 단위의 차이를 만들기 위해 노력할 때 올라가는 것이다. 10만 원, 20만 원 때문에 본인의 경력을 싸구려로 만들어서는 안 된다. 그 정도의 차이 때문에 이리저리 이직하는 이는 본인의 경력이 단돈 얼마로 살 수 있는 흔한 경력이라는 사실을 자백하는 셈이다.

사회생활을 한 지 10년쯤 지났을 때, 20년이 되었을 때 본인의 이력서를 다시 쓴다고 생각해보라. 그것은 1년에서 2년짜리의 단타 경력으로 가득한 이력서일 수도 있고, 몸담았던 각각의 회사에서 일정 기간을 보내면서 경험을 쌓고 성과를 내고 합당한 평가를 받아 성공적으로 이직한 경로가 보이는 이력서일 수도 있다. 그렇게 10년 후, 20년 후의 이력서를 만들어내는 과정이 지금 나의 선택이다. 다시 말하지만 단타짜리 이력서에 많은 돈을 지불할 회사는 이 세상에 없다.

앞에서 얘기했지만, 한 회사에서 최소 2년은 채워야 한다. 연봉이 낮은 사람들의 특징을 보면서 속으로 뜨끔했다면 눈 딱 감고 지금 일하는 곳에서 2년만 열심히 해보자고 다짐해보라. 그렇게 2년을 보낸다면 이후 상황은 전보다 더 나아질 것이다.

연봉 올리는 가장 쉬운 방법

대체로 연초가 되면 회사에서 연봉협상이 이루어진다. 직장인들은 올해는 내 연봉이 얼마나 오를까 기대하며 약간은 들뜨게 된다. 그러나 대부분의 기대는 실망이란 결말로 이어진다. 그리고 의문이 꼬리를 문다. 왜 내 연봉은 오르지 않는 걸까? 회사가 어려워서일까? 코로나 때문일까?

여기서 질문을 바꿔 다시 물어보자. 본인이 작년에 비해 경력과 연차 말고 늘어난 것이 뭐가 있는가? 어학 능력이든, 컴퓨터 활용 능력이든, 아니면 업무와 관련한 무엇이라도 좋으니 구체적으로 어떤 능력이 추가되었는지 자신 있게 설명할 수 있는가? 한 해 동안 어떠한 자기계발이라도 해서 조금이라도 더 나아졌다고 말할 수 있는가? 아니면 작년보다 회사에 대한 애정이나 충성도가 더 커졌는가? 일에 대한 열정이 더 강해졌는가? 바꿔 말해서 본인을 일종의 상품이나 서비스라고 할 때 눈에 띄게 업그레이드된 구석이 있는가?

연봉이 기대만큼 오르지 않았다면 이유는 간단하다. 본인의 경력이나 연차만큼만, 경험치만큼 딱 그만큼만 오른 것이다. 좀 심하게 말해서 나이만 더 먹었다고 볼 수 있다.

회사와 고용주는 기본적으로 계산적이다. 그들은 절대로 밑지는 장사는 하지 않는다. 그래서 일종의 우량주에, 유능한 직원에게만 투자하려고 한다. 그런 직원이 많이 올려주는 연봉 이상으로 회사에 이윤을 가져다줄 가능성이 크기 때문이다.

그러니 연봉이 인상되길 바란다면 먼저 본인이 우량 직원인지부터 자문해보아야 한다. 그저 열심히 했다는 것만으로는 부족하다. 구체적으로 어떤 성과를 냈는지, 그리고 얼마나 더 낼 수 있는지, 더 어렵고 복잡하고 중요한 일을 스스로 해낼 수 있는지 자신에게 물어야 한다. 본인이 회사에서 가르침을 받는 처지인지, 아니면 다른 직원들을 가르칠 수 있는 존재인지를 평가해봐야 한다. 학원에서 선생이 돈을 받지 학생이 돈을 받는 것이 아니듯, 조직과 직원들에게 좋은 영향을 전파할 수 있는 직원이라야 더 많은 돈을 지불할 가치가 있는 것이다.

본인이 사장이라고 생각하면 이해가 더 쉬울 것이다. 시간이 갈수록 비용만 더 들고 업그레이드는 안 되는 상품이나 서비스가 있다면 어떤 생각이 들까? 당장이라도 바꿔버리고 싶을 것이고, 더 이상의 비용은 들이고 싶지 않을 것이다.

사장한테 잘 보인 사람만 잘되는 세상이라고 불평할 일이 아니다.

알고 보면 불공평한 것도 아니다. 누가 사장이라도 사장한테 잘 보이고 일 잘하는 것을 어필하는 직원을 인정할 것이다. 사장의 눈을 피해 요령이나 피우고 대충대충 하루를 날로 먹으려는 직원에 비할 바가 아닐 것이다. 내가 사장이라면 어떻게든 내 눈에 띄려고 애쓰는 직원과 눈도 안 마주치려고 요리조리 빼는 직원이 있을 때 누가 예뻐 보일까? 말하지 않아도 알 것이다.

연봉을 올리는 법은 간단하다. 하지만 왕도는 없다. 무조건 본인을 업그레이드해야 한다. 본인의 능력을 하나의 상품이나 서비스라고 생각하고 매 순간 더 나은 기능을 실행할 수 있도록 발전시켜야 한다. 시간이 걸리더라도 회사에 더 기여할 수 있는 존재가 되어야 하고, 사장이 흐뭇하게 바라볼 수 있는 직원이 되어야 한다. 그러면 한두 해 사이에는 몰라도 경력과 실력이 쌓이면서 점점 그 격차가 벌어질 것이다.

연봉협상 전에 반드시 알아두어야 할 것들

그러면 이제부터 연봉협상, 특히 이직 과정에서 연봉협상을 하기 전에 미리 알아두어야 할 것들에 대해 알아보자.

첫째, 본인의 현재 연봉을 정확히 알고 있어야 한다.

너무 당연한 얘기라서 '그런 얘기까지 왜?'라고 생각하지 모르지만 진지하게 건네는 조언이다. 왜냐하면 본인의 현재 연봉을 정확히 알지 못해서 대충 얘기하는 이들이 적지 않기 때문이다. 아는 사람들 앞에서 얘기할 때는 문제가 없다. '매월 300만 원 정도 받으니까 연봉이 3,600만 원'이라고 해도 괜찮다. 하지만 연봉협상에서는 안 된다.

먼저, 세전 금액과 세후 금액을 구분해야 하고, 월급명세서에서 월급의 구성이 어떤지 명확히 알아야 한다. 나의 기본급과 변동급을 제대로 파악해야 올바른 결정을 할 수 있다. 얼마를 받는지, 연봉이 어떻게 구성되어 있는지 확실히 알지 못하면 연봉협상이 순조롭게 진행될 수 없다.

그래서 헤드헌터가 연봉협상에 앞서 후보자에게 가장 먼저 하는 요청이 '기본급을 알려달라'는 것이다. 왜냐하면 연봉협상할 때 이직할 회사와 협의하는 연봉의 기준이 기본급이기 때문이다. 기본급은 쉽게 말해서 내 통장에 12개월 내내 무조건 찍히는 돈을 말한다. 이 기본급을 제대로 알아야 연봉협상에 들어갈 수 있다.

가령 연봉 총액이 6,000만 원인데 기본급은 4,500만 원일 수 있다. 이 경우에 연봉협상은 4,500만 원을 12개월로 나눈 월급액으로 시작하게 된다. 그런데 후보자들이 이걸 모르고 6,000만 원에서부터 연봉협상을 시작하니 처음부터 이상하게 여기는 것이다. 이를테면 나는 연봉이 6,000만 원인데 왜 이직하는 회사에서는 5,000만 원밖에 안 나오느냐고 불평하게 된다. 헤드헌터가 이러한 개념의 차이를 제때 자세히 설명해주지 않으면 멀쩡한 제안인데도 후보자가 자신의 연봉을 후려친다고 생각해서 채용이 성사되지 않는 경우가 발생할 수 있다.

사람들은 대개 연봉을 가족한테는 적게 또는 비슷하게 말하고, 남들에게는 조금 부풀려 말하는 습성이 있다. 이직 과정에서도 그러한 습성을 내보이는 경우가 생각보다 많다. 실제로는 3,600만 원의 연봉을 받으면서 남들에게 4,000만 원이라고 말하듯이 헤드헌터나 회사에도 그렇게 이야기하는 것이다. 평소에 말하고 다니던 것이 입에 배었거나 잘못 기억하고 있기 때문이다. 그러니 자신의 기억을 믿지 말고 월급명세서를 펼쳐놓고 세세히 파악해보아야 한다. 어차피 연봉협상 과정에서 급여 관련 증빙자료를 제출해야 하므로 연봉을 높여서 말하거나 증빙이 안 되는 내용을 이야기해봐야 아무런 소용이 없다. 오히려 불리하게 작용할 공산이 크다. 실없는 사람으로 비치면 그나마 다행이고 신용 못할 사람으로 찍히기 십상이다.

필자는 "연봉이 얼마예요?"라고 물었을 때 본인이 지급받은 총액을 말하는 것이 일부 사람들만이 아니라고 본다. 생각보다 아주 많다. 심지어 '기본급+인센티브+현금성복지'를 모두 합해서 얘기하기도 하고, 예상되는 연봉 인상률 등 온갖 것을 다 붙여 최대치를 얘기하는 사람조차 있다. 헤드헌터로서 보기에 어쩔 수 없는 사람의 마음이라고 생각한다. 하지만 채용을 진행하는 입장에서 사람들의 말을 걸러 듣고 조언해서 일을 처리해야 하므로 함께 월급명세서를 펼쳐놓고 하나하나 살펴본다(헤드헌터를 통하지 않는 사람은 이 과정을 혼자서라도 반드시 밟아야 한다).

헤드헌터는 연봉협상을 진행하면서 후보자의 연봉 구성에서 파악한 내용을 후보자에게 충분히 설명해주어야 한다. 앞서 말했듯이 후보자들은 자신이 받는 연봉이 어떻게 구성되어 있는지 잘 모르는 경우가 많다. 그러므로 회사에서 하듯 연봉을 쪼개서 기본급 얼마, 성과급 얼마, 초과근무수당 얼마, 식대 얼마 등으로 분할한 후 '후보자님의 연봉을 분석해보니 기본급은 이렇고, 변동급은 얼마입니다'라고 고지해줄 필요가 있다.

변동급에 불안해하지 마라

둘째, 변동급에 불안해하지 말라는 것이다.

연봉협상 이후에는 회사가 제시하는 기본급과 예상되는 변동급 수준을 파악해서 결정해야 한다. 여기서 핵심은 '이직할 회사의 변동급에 너무 불안해하지 말라'는 것이다.

후보자들 중에서 현재의 연봉 총액과 이직을 위한 연봉협상에서 제시된 연봉 총액을 비교하면서 불안해하는 경우가 많다. 그럴 필요가 없다. 예를 들어 설명하면 다음과 같다.

A라는 후보자는 현재 연봉으로 기본급 3,000만 원에 변동급 1,000만 원을 받고 있다. 그런데 이직할 회사에서 받은 제안은 기본급 3,000만 원에 변동급 1,500만 원 정도다. 당신이 이런 제안을 받았다면 어떻게 생각할까?

필자의 경험상 이런 제안을 받은 후보자들은 100이면 100 이런 반응을 보인다. "지금 다니는 회사의 변동급은 웬만하면 나오는 거라서요. 그리고 제가 알게 모르게 받고 있는 복지도 있고요. 그래서 저는 변동급을 줄이고 기본급을 올리고 싶은데요. 그게 아니라면 기본급 연봉은 똑같이 가는 거니까 옮길 메리트가 없어 보여요. 어떻게 기본급을 올릴 방법이 없을까요? 아니면 변동급이라도 연봉계약서에 명시할 방법이 없을까요?"라고 말한다.

어떤 의미에선 당연한 반응이기도 하다. 하지만 이 같은 모습을 여러 번 지켜본 헤드헌터로서 이렇게 말해주고 싶다. 비슷한 업계에서 변동급이 1,000만 원 나오는 회사와 1,500만 원 나오는 회사를 비교하면 어느 회사가 더 잘되는 곳일까?

일반론적으로 말해서 지금 있는 회사에서 변동급이 잘 나온다고 하면 다른 회사도 다르지 않을 가능성이 높다. 비슷한 업계인데 어떤 회사는 변동급이 무조건 나오고 다른 회사는 나오지 확률이 큰 경우는 상상하기 어렵다. 가령 삼성전자에서 인센티브가 잘 나오면 애플에서도 잘 나오는 것이다. 큰 차이나 변수는 있을 수 없다. 그게 시장의 원리다. 비슷한 업계에서 차이가 많이 나면 인력의 누수가 있을 수 있기 때문에 웬만한 회사라면 거의 같은 수준의 인센티브나 복지가 구비되어 있는 것이 일반적이다.

조금은 다른, 고민이 더 필요한 경우도 있다. 받을 수 있는 인센티브가 각기 다르고 복지 수준도 제각각일 때 이런 부분들을 어떻게 비교하고 상쇄할 것인가의 문제다. 예를 들어 기본급이 4,500만 원인데 이직하는 곳에서는 4,300만 원을 제안받았다고 치자. 그런데 실제로는 평균적으로 받는 인센티브 수준이 현재 회사보다 높은 편이다. 훨씬 높으면 좋겠지만 그 정도는 아니고 어느 정도만 높아서 기본급에서의 차이를 상쇄하고 조금 더 많은 수준이다. 연봉협상은 이런 부분을 감안하고 판단해서 진행하고 마무리하는 것이다.

헤드헌팅을 오래한 입장에서 첫 번째 예는 고민의 필요성이 덜한 경우이고, 두 번째 예는 고민이 필요한 경우로 생각된다. 이때 회사의 인센티브가 어느 정도인지 정확한 내역을 파악하고 싶다면 업계의 담당 헤드헌터에게 알아보는 것이 좋다. 그런 헤드헌터가 없다면 회사에 다니고 있거나 다닌 적이 있는 사람을 찾아서 비교해봐야 한다.

변동급은 이렇게 확인하면 된다. 그런데 확인도 하지 않고 괜히 불안해서 "변동급이 안 나올 수도 있잖아요? 그러니까 기본급을 올려주는 방향으로 협상해주세요"라고 말하는 이가 있다. 사실 좀 무식해서 나오는 말이다. 왜냐하면 이것은 회사의 인사평가나 C&B(Compensation & Benefits)정책 등을 깡그리 무시하고 본인만 특별대우해달라는 것에 지나지 않기 때문이다. 이런 요구는 받아들여지지 않을뿐더러 협상할 때 꺼내면 본인의 평판만 깎아먹게 되므로 자제해야 한다. 헤드헌터가 있다면 중간에서 조절해줄 수 있을 텐데, 혼자서 협상 과정을 진행하고 있다면 더욱 조심해서 신경 써야 할 부분이 이것이다.

헤드헌터에게도 이 부분은 쉽지 않다. 이직할 회사의 연봉 구성을 파악하여 후보자에게 인지시키는 과정이 필요하기 때문이다. 후보자의 요구와 회사의 상황을 맞춰서 중간에서 잘 전달하고 조율해야 한다. 후보자가 이전 회사에서 받았던 대우를 이직하는 회사에서도 똑같이 받길 바라면 안 되기 때문이다.

한번은 이런 일이 있었다. 우리 회사의 한 후보자가 기존 회사에서 초과근무수당을 근무 여부와 관계없이 기본급처럼 받아오면서 자연스럽게 본인의 기본급으로 알고 있었다. 하지만 이직하는 회사에서는 초과근무수당을 기본급으로 인정해주지 않았다. 이러한 괴리를 파악하여 후보자에게 상황을 잘 전달해야 하는 것이 헤드헌터의 역할이다.

복지는 이직되지 않는다

셋째, 복지는 이직되지 않는다는 것이다.

이것은 연봉협상을 방해하는 대표적인 사안이다. 현재 회사의 복지를 이직하는 회사에 요구하는 것인데, 이직하게 되면 현재 회사의 복지도 내려놓고 가야지 미련을 가져서는 안 된다. 현재의 복지가 이러니까 이직하는 회사에서도 보장해달라든가, 그렇지 않으면 대신 기본급을 올려달라는 요구는 협상을 매우 어렵게 하는 접근 방식이다.

인센티브와 달리 복지는 회사마다 조직문화에 따라 꽤 차이가 있을 수 있다. 그러니까 입사할 회사에도 그 회사만의 복지가 있다. 그리고 그것은 회사의 C&B정책과 제도의 근간에 따른 결과다. 이렇게 회사별로 복지의 양상은 다르지만 대우 자체는 업계에서 회사의 입지에 맞게 평준화되어 있다. 즉, 비슷한 입지의 회사라면 복지 역시 빠지고 더해진 걸 합하면 얼추 비슷해지는데, 빠지는 걸 맞춰달라는 요구는 회사의 시스템을 무시하는 것밖에 안 된다. 지금 있는 회사의 복지가 그렇게 만족스럽다면 이직을 하지 않는 것이 바람직하다.

이런 일이 별로 없을 것 같지만 생각보다 흔하다. 그중 대표적인 것이 일종의 현금성복지를 연봉에 녹여서 계산하다가 그것을 이직하는 회사에서도 받길 바라는 것이다. 예를 들어 패션회사들의 경우 어떤 회사에서는 'Clothing Allowance(번역하면 '피복수당'인데 패션회사에서의 맥락적 의미는 이와 사뭇 다르다)'라고 해서 몇몇 브랜드의 제품을 무료로 받는다. 기존 회사에서 이 복지가 적용되어 1년에 1,000만 원어치 이상의 옷을 받은 사람이 이직하는 회사에는 같은 복지가 없다고 하면서 1,000만 원어치 옷을 달라거나 그만큼의 기본급을 인상해달라고 하면 받아들여지기 어려운 것이다.

결국 회사 상황에 맞는 복지를 따르는 수밖에 없다. 그래서 연봉협상에서는 회사마다 다른 것은 제쳐두고 기본급만으로 협의를 하는 것이다. 동종 업계에서는 회사별로 그렇게 큰 차이가 나지 않지만, 인센티브를 책정하는 방식이나 인센티브율이 사뭇 다르고 복지도 차이가 크다면 앞서 말한 'Clothing Allowance'를 포기하는 대신 기본급을 조금이라도 더 높여야겠다는 전략을 가지고 접근하는 것이 좋다. 이럴 때는 현금성복지의 실질을 입증할 수 있는 서류를 챙겨두었다가 제출하면 효과적이다. 제출할 만한 증빙자료가 없다면 주장하기가 어려운 것이 현실이다. 그러므로 지금 당장은 아니라도 이직을 염두에 두고 있는 사람들은 필자의 조언을 새겨듣고 현금성복지 등과 관련한 증빙자료를 미리 수집해두는 것이 좋을 것이다.

넷째, 증거자료를 제시하면 연봉협상에 반영할 수 있다.

가까운 미리에 연봉 인상이 예정되어 있다면 이를 증명할 수 있는 자료를 준비해서 제출하는 것이 연봉협상에 유리하다. 가령 5개월 후에 연봉 인상이 예정되어 있고 회사 인사팀과 계약서에 사인한 상태라면 그것을 증빙자료로 연봉협상을 진행하는 데 유효한 근거로 사용할 수 있다. 현재의 연봉이 아니라 예정된 연봉을 기준으로 논의해볼 여지가 생기는 것이다. 물론 현재 받고 있는 연봉과 100% 같은 효과를 볼 수는 없겠지만 말이다.

이 사실에 비추어보면 이직할 때 연봉협상에서 조금이라도 더 이득을 볼 수 있는 시기가 따로 있다는 것도 쉽게 짐작할 수 있다. 바로 현재의 회사에서 새로 연봉계약을 하는 시기를 기다렸다가 그 자료를 제출하거나, 사원에서 대리로 혹은 대리에서 과장으로 승진을 앞두고 있을 때 공고가 나면 회사에서 발송한 자료를 근거로 제시하면 도움이 될 수 있다.

그래서 외국계 기업에서는 매년 3월 즈음이 이직에 적절한 시기가 된다. 왜냐하면 보통 4월부터 새로운 회계연도가 시작되므로 3월이나 4월에 연봉협상에 들어가 인상률이 정해지고 승진 여부도 결정된 상태이기 때문이다. 이처럼 연봉이나 승진의 결과가 담긴 증빙자료로 연봉협상을 하면 지금 받고 있는 연봉보다 상승 예정인 연봉을 기준으로 협의를 진행해볼 수 있다.

다시 정리하면, 연봉협상은 기본급을 기준으로 하기 때문에 나의 연봉 구성을 정확히 알아야 하고, 변동급에 대해서는 불안해하거나 회사를 불신하지 않아도 된다. 복지에 대해서도 지금 다니는 회사의 복지에 너무 집착해서는 안 된다. 또한 연봉 인상이나 승진이 예정되어 있다면 그것을 증빙할 수 있는 자료를 제시하는 것이 유리하다. 그러니 평소에 소소한 자료라도 챙겨두는 것이 좋다.

이상의 것들을 숙지하고 연봉협상에 임한다면 시행착오를 줄이고 좋은 결과를 얻을 수 있을 것이다.

실제 연봉협상은 어떻게 이루어질까?

그렇다면 실제 연봉협상은 어떻게 이루어질까? 우리의 연봉은 어떤 방식으로 결정될까?

4장에서 설명했지만, 대표적인 '이직 꼴불견 유형'은 포지션 제안을 했을 때 "연봉은 얼마 줘요?"부터 물어보는 후보자다. 채용 과정이 시작되지도 않았는데 연봉이 얼마냐고 묻는 것이다. 헤드헌터의 관점에서 보면, 이런 사람들은 기본적으로 헤드헌팅 프로세스에 대한 인식이 없고 돈도 주는 대로 받아서 다니는 쪽이다. 초장부터 이런 질문을 받으면 헤드헌터는 맥이 풀리게 되고 일을 하기가 싫어진다. 채용의 시작 단계에서는 연봉 수준을 아무도 알 수 없기 때문이다.

경력직 채용의 경우에는 다음의 요인들로 연봉 수준이 결정된다.

- 이전 회사에서의 최종 연봉
- 후보자가 채용 과정에서 보여준 역량(특히 면접 역량)
- 이직할 회사에서 제안한 포지션의 중요도와 시급성
- 회사의 직책·직급·연차별 연봉 테이블
- 회사의 외부 채용 시 영입 인재에 대한 연봉 인상률

예를 들어 A라는 후보자의 현재 연봉이 기본급 5,000만 원이라면 채용사마다 조금씩 다르지만 일반적인 경력직 채용에서는 5,000~5,500만 원 수준에서 기본급이 결정되는 것이 보통이다. 변동급을 합산한 총액이 아닌 기본급만 그렇게 된다. 그런데 만약 A가 면접을 엄청 잘 보고 회사에서 제안한 포지션이 상당히 시급하고 중요하다면 5,000만 원대 후반까지도 갈 수 있다. 여기서 중요한 전제는 면접을 아주 잘 봐야 한다는 것이다.

그래서 채용사에서는 보통 면접을 보기 전에 후보자의 현재 연봉 수준을 파악한다. 그 수준이 감당할 수 있는 어느 정도 범위에 있다 싶을 때 면접 제안을 하게 되는 것이다. 지급할 수 있는 수준보다 훨씬 높은 수준의 연봉을 받는 후보자라면 아예 면접 제안을 하지 않는 것이 보통이다. 그러므로 채용사에서 면접 제안을 했다는 것은 후보자가 받고 있는 수준의 연봉을 챙겨줄 수 있다는 뜻으로 읽어도 무방하다

회사들은 채용 때마다 '버짓(budget, 예산. 지출예상비용)'을 책정한다. 이 버짓을 알려주는 회사도 있고 알려주지 않는 회사도 있는데, 사실 적극적으로 알려주진 않는다. 왜냐하면 굳이 알려주지 않아도 시장의

평균치라는 게 있기 때문이다. 그것은 헤드헌터도 인사담당자도 알기 때문에 적극적으로 알려줄 필요가 없는 것이다. 그런데 인사담당자가 보기에 책정받은 버짓이 업계 평균에 비해 빡빡하다고 생각되는 경우에는 일을 원활하게 진행하기 위해 헤드헌터에게 미리 그 액수를 알려주기도 한다.

20% 인상은 틀렸다!

실제 연봉협상의 과정이 이와 같다면 결과값들은 대략 어떨까? 이것은 풍부한 채용 사례를 보유한 헤드헌터가 제일 정확하게 말해줄 수 있는 부분이다.

"이직을 하면 연봉이 어느 정도 오르는가? 평균은 어떻게 되는가?" 라고 물으면 기본적으로는 사람마다 다르고, 채용하는 회사에 따라 다르고, 면접을 얼마나 잘 보느냐에 따라 다르고, 회사에서 제안한 포지션의 시급성에 따라 달라진다고 말할 수밖에 없다. 케이스 바이 케이스다. 그러나 확실한 것은 사람들이 그냥 어디서 들은 이야기로 알고 있는 것처럼 20%씩 연봉이 상승하는 일은 어지간해선 잘 일어나지 않는다는 것이다. 거의 없다고 보면 된다.

필자가 진행한 사례들을 통틀어 보면, 보통 기본급의 인상률은 7~8%, 연봉 총액의 인상률은 평균 11% 정도 상승하는 것으로 결과값이 나온다. 대부분의 회사들이 인재를 충원하는 과정에서 7~8% 정도 기본급을 상향해서 영입을 하고 있는 것이다.

그러나 이것은 그야말로 평균치일 뿐이어서 해당이 안 되는 사례도 있다. 평균이 7~8%라고 해서 무조건 그 정도는 오른다고 생각하면 안 된다는 것이다. 대표적인 경우로 연봉 인상이 아닌 다른 사유 때문에 동종업계로 이직하는 경우가 있다. 주로 회사의 조직문화가 맘에 들지 않거나, 회사의 발전 속도가 불만족스럽거나, 본인이 회사 내에서 얼마나 승진할 수 있을지 회의감이 들어 이직하는 경우다. 이처럼 돈이 아닌 다른 복합적인 문제로 이직하려는 경우에는 이직의 사유를 충족시켜줄 만한 유인이 있는 회사가 선택지로 나타났을 경우 연봉 인상은커녕 삭감해서 이직하기도 한다. 본인이 선택한 사안이기에 아쉬워하기는 해도 큰 불평은 없는 편이다.

정리하면, 시장에서 알고 있는 것처럼 이직하면 대부분 연봉이 20% 오른다는 이야기는 완전히 틀리고, 기본급을 7~8% 올려 새로운 인재를 영입을 하는 것이 평균적이다. 사실 평균적이란 것도 '이만하면 잘 올렸다'는 뜻으로 이해해야 한다. 평균을 뛰어넘으려면 대부분 특출한 사유들이 필요하기 때문이다. 채용의 현실이 이러한데 무턱대고 "10% 올려주세요"라거나 "15% 올려주세요"라고 요구하는 것은 거의 실현 불가능하다. 버짓도 어느 정도 정해져 있기 때문에 무조건 높은 인상률을 들이밀면 결국 어느 정도 관철될 거라는 식의 전략은 전혀 먹히지 않는다고 보면 된다. 그런데도 무리한 요구를 계속하면 채용사 쪽에서 협상을 접고 철수하게 된다.

회사 인사팀의 시스템을 보면 인상률에 대한 가이드라인이 10% 넘는 제안은 수용하지 않는 방향으로 설정되어 있다고 생각하면 된다.

만약 10%의 벽을 뛰어넘고 싶다면 앞에서 소개한 것들을 적극 실천해야 한다. 즉, 연봉 구성을 정확하게 숙지하고, 현금성복지에 대한 증빙 자료를 첨부하고, 연봉 인상이나 승진이 결정되는 시기를 노려 회사에서 공지한 자료를 제시하여 연봉 상승을 도모하는 것이다. 이렇게 하면 7~8%라는 평균보다 조금 더 오른 연봉 인상을 경험할 수 있을 것이다.

연봉협상보다 중요한 것

마지막으로 연봉협상할 때 후보자들이 알고 있으면 좋을 사실이 하나 있다. 4장에서 이직 초보들이 흔히 하는 오해에서 이야기한 것인데, 인사팀은 누구를 채용할 때 어떻게든 그에게 좋은 제안을 주려고 노력한다는 점이다. 그들은 연봉을 깎으려고 머리를 쓰는 사람들이 아니다. 오히려 어떻게 하면 버짓 내에서 잘 주고 기분 좋게 뽑을까를 고민하는 이들이라는 점을 알았으면 좋겠다. '연봉을 후려치려고 한다', '연봉을 더 올려줄 수 있는데 안 올려준다'와 같은 의심을 흔히 하는데 사실과 다르다. 인사팀의 존재 이유 중 하나는 좋은 후보자를 적시에 버짓 내에서 안정적으로 채용하는 것이고, 그게 그들 업무의 주요 부분이다. 따라서 그들은 기본적으로 회사의 사정이나 방침으로 정해져 있는 버짓으로 최대한 좋은 제안을 하려고 한다. 인사팀에 대한 오해나 편견 없이 그들의 기본적인 태도와 존재 의미를 안다면 좀 더 합리적인 연봉협상이 가능할 것이다.

필자는 헤드헌터로서 모든 연봉협상이 당사자에게는 늘 아쉽기 마련이라는 것을 잘 알고 있다. 하지만 현실이 그렇다. 300만 원만 더 받았으면 좋겠다, 아니 200만 원만이라도 좋겠다, 100만 원은 좀 아쉽다고 생각하는 후보자들의 마음을 헤아리고 대변하기 위해 노력하지만 뜻대로 되지 않는 경우가 왕왕 있다. 대부분은 후보자와 회사의 기대치가 실제와 다른 경우들이다.

만약에 처음부터 연봉 인상이 목표였다면 회사에서 제시하는 수준이 목표치에 닿지 않았을 때 이직의 마음을 접는 것이 나을 것이다. 그런데 보통은 이직의 사유가 꼭 연봉만은 아닌 것이 사람 사는 세상의 현실이다. 만약 연봉 외에 경력적인 부분을 채워나가려고 하거나 다른 조직문화에서 일하고 싶은 것이라면 그러한 요소들의 가치에 집중하는 것이 나중에 후회하지 않는 선택을 내리는 데 도움이 된다. 연봉협상도 중요하지만 그 과정에서 처음에 이직을 결심한 원인과 이유를 잊어서는 안 된다는 말이다. 가령 애초에는 연봉 외적인 요소 때문에 이직하려고 했다가 연봉협상이 잘 안 된다고 해서 그대로 주저앉아 현재의 회사에 남겠다는 것은 앞뒤가 맞지 않는다. 제안받은 연봉이 형편없는 수준이 아니라면 본래의 목표를 잊지 않는 선택을 고민해볼 필요가 있을 것이다.

6장

회사에서 쓸모 있는 사람

회사생활은 왜 어려울까?

회사생활은 쉽지 않다. 그런데 나만 그런 게 아니라 모두가 그렇다. 회사생활이 쉽지 않은 것은 회사 문제도 있고 내 잘못도 있겠지만, 나만 그렇게 헤매는 게 아니라는 점을 이해한다면 어느 정도 위안이 될 것이다. 그 위에서 문제와 잘못을 고쳐나가면 된다.

그들은 왜 회사를 떠날까?

필자는 요즘 채용을 원하는 후보자들보다 회사의 인사담당자들을 만나는 시간이 많았다. 채용이 적은 시기라서 그랬던 것인데, 현재의 고객사 인사담당자들과 예비 고객사의 인사담당자들을 만나 여러 얘기를 나누면서 채용시장의 변화를 실감할 수 있었다.

인사담당자들이 말하길, 신입사원들의 조기퇴사율이 매우 높아져서 회사들이 신입채용을 꺼리고 있을 정도라고 한다. 그래서 신입채용 대신 단기인턴이나 계약직으로 채용하는 쪽으로 많이 선회했다고 한다. 신입사원의 높은 조기퇴사율이 채용 형태마저 바꾸고 있는 것이다. 인사담당자들은 이러한 문제로 고민이 많다.

기업 내부적으로는 다양한 교육프로그램을 도입하는 등 조직문화를 개선하기 위한 움직임도 보인다. 'Z세대' 신입사원들의 안정적 적응을 위해 나름 노력하는 모습인데, 헤드헌터로서 성과가 있기를 바라는 마음이다.

그렇다면 신입사원들은 어떻게 생각할까? 그들의 입장에서 회사가 고치면 좋을 부분들은 무엇일까? 정말 어렵게 입사하고도 조기에 퇴사하는 신입사원들의 사정과 이유는 무엇일까? 그들과 만나서 수백 가지의 이야기를 들었는데, 한마디로 요약하면 '생각했던 것과 많이 다르다'였다. 그런데 이건 어찌 보면 너무도 당연한 얘기 아닌가?

필자는 그들의 말을 들으면서 꼭 해주고 싶은 말들이 떠올랐다. 예비 신입사원들이나 취준생들이 가지고 있을지 모르는 첫 회사에 대한 환상을 깨주고 현실과 실상을 보여주고 싶었다. 첫 출근을 하자마자 어떤 일이 벌어지는지, 신입사원이 어떤 취급을 받게 되는지, 그래서 신입사원이 어떤 식으로 비뚤어지는지 최악의 상황을 설정해서 알려주려고 한다(이 글은 우리 회사의 신입사원들에게 점검과 확인을 받아 정리한 것이다).

당신이 예비 신입사원이거나 취준생이라면 알아야 한다. 당신의 첫 직장은 상상과 많이 다를 것이다. 미리 알고 들어가면 조금이라도 덜 충격받고 덜 혼란스러울 테니 참고하기 바란다.

신입사원들이 회사에 들어가 적응하기 위해 깨뜨려야 할 착각은 무엇일까?

첫째, 모두가 당신을 예뻐할 거라 기대하지 말라.

지금의 신입사원들은 대부분 외동이거나 형제가 적어서 가정에서 사랑을 독차지하며 자랐다. 어딜 가든 주목받고 관심받으며 살아왔는데, 역설적으로 그러한 성장 과정이 그들을 더 괴롭게 만드는 요소로 작용한다.

누구도 당신을 따로 챙기거나 예뻐하지 않을 뿐 아니라 당신에게 별다른 관심도 주지 않을 것이다. 심지어 바빠 죽겠는 상황에서 계속 뭔가를 알려줘야 하는 귀찮은 존재로 취급할 것이고, 얼마 못 가 사고를 쳐서 회사 분위기를 흐릴 가능성이 높은 잠재된 폭탄으로 볼지도 모른다. 길어야 6개월 정도 버티다가 퇴사할 가능성이 높은 존재로 여길 것이다. 회사의 선배들, 그러니까 대리나 과장이 당신을 그렇게 볼 것이란 말이다.

이런 취급을 받아본 적이 없는 신입사원들은 당연히 당황스러울 수밖에 없다. 어떻게 하면 좋을까? 본인이 열심히 잘하면 예쁨받을 수 있다는 생각을 갖지 말고, 모두가 환영하지 않을 거라 각오하고 행동하면 오히려 마음이 편할 것이다.

둘째, 뭐든 잘할 수 있다고 생각하지 말라.

막상 회사에 출근하면 종이 한 장 복사하기도 어렵고 조심스럽게 느껴질 것이다. 몇 주 동안은 아무것도 제대로 못하고 잔심부름만 하게 될 것이다. 할 수 있는 것도 없고 할 것도 없어 엄청 지루할 것이다. 내가 이러려고 대학 나와서 취업을 준비했는지 자괴감이 들 것이다.

시키는 일도, 가르쳐주는 것도 없이 지내다가 뭔가를 조금 했는데 제대로 안 되면 "너 학교에서 뭐 배웠니? 똘똘하게 봤는데 어벙하네"와 같은 소리나 들을 것이다. 그러니 출근해서 무언가를 바로 하려 들지 말고 선배가 하라는 일이나 완성도 있게 하는 게 나을 것이다.

아무것도 할 게 없어 지루하다면 엑셀공부를 추천한다. 엑셀창을 띄워놓고 있으면 아무도 뭐라고 하지 않는다. 참고로 필자는 신입사원 시절에 청소하고, 켄트지에 이름을 써서 사무용품에 붙이고, 공용 서랍을 정리하는 등 하기에 쉽지만 귀찮은 것들을 시켜달라고 부탁했더랬다.

셋째, 함께 일하는 모든 사람이 좋은 사람일 거라는 생각을 버려라.

예상 외로 모두가 꼰대처럼 보일 것이다. 일이 힘들어서가 아니라 사람이 밉고 싫어서 그만두고 싶어질 것이다. 그동안엔 없었던 죽이고 싶은 사람이 생길지도 모른다.

선배를 믿고 속마음을 털어놓았는데, 내 이야기가 동네방네 퍼지고 사적인 비밀을 알고 있는 사람들이 여기저기 나타날지도 모른다. 그들의 술자리에 내가 가십거리가 되고, 말도 안 되는 소문이 자라서 기정 사실처럼 굳어질 수도 있다.

내가 보기엔 그들이 나쁜 사람 같은데, 도리어 내가 이상한 사람, 적응 못하는 바보처럼 느껴지게 될 것이다. "다 네가 잘 적응하게 하려는 거야. 너한테 관심이 있어서 이야기를 하는 거야"라는 식의 소리를 심심치 않게 듣게 될 것이다.

넷째, 빨리 퇴사해서 다른 곳으로 가고 싶어질 것이다.

취업만 하면 세상 부러울 게 없겠다 생각했겠지만 출근하고 나면 바로 취준생일 때가 그리워질 것이다. 분명히 돈을 벌고 있는데 돈을 벌기 전보다 더 쪼들리게 될 것이다. 출근 이틀째 되는 날부터 출근하기가 싫어질 것이다. 면접 때 했던 말들, 면접 결과를 기다리며 가졌던 나의 모든 바람과 기도가 헛된 꿈이 될 것이다. TV에서 본 것이나 내 생각과 너무 다른 현실에 빠르게 좌절하게 될 것이다. 다 때려치우고 여행이나 가고 싶어질 것이다. 멋지게 직장인 룩을 콘셉트별로 차려 입는 건 진작 포기하고, 당장 내일 입을 옷이 없다는 생각이 들게 될 것이다.

이 이야기는 신입사원들의 기운을 빼려는 것이 전혀 아니다. 예방주사를 놓듯 최악의 상황을 미리 알려주어 새로운 각오를 다지게 하려는 것이다. 실제로 비일비재 일어나는 일이니 크게 당황하거나 좌절하지 말고 그냥 지나쳐야 할 일이라고 생각하면 좋을 것이다. 장밋빛 회사생활은 먼 곳에 있으니 마음을 좀 단단히 먹는 것이 좋다는 것이다.

매도 갑자기 맞으면 놀라서 기절할 수 있지만, 알고 맞으면 덜 아픈 법이다. 나만 그런 게 아니라 남들도 다 그러니 참을 만하다고 여겨질 수 있다. 그런 취지에서 약간은 과장해서 이야기했다.

시작이나 첫 경험은 어떤 일이든 누구에게나 쉽지 않다. 그 기간을 건강하고 씩씩하게 잘 이겨내야 한다. 필자의 이야기가 도움이 될 것이다. 정말이지 어렵게 입사한 회사인데 너무 허무하게 조기에 '멘탈'이 털려 퇴사해버리고 다시 고된 취업 준비를 하는 상황을 피할 수 있었으면 좋겠다.

미움받을 수 있다고 생각하고, 엑셀로 시간 때우면 된다고 보고, 개소리는 그냥 개소리로 흘려보내고, 드라마는 그냥 드라마인 걸로 치면 버티기가 훨씬 편할 것이다.

자존심은 소주 한잔, 자존감은 외제차

최근 들어 취업이나 회사생활 문제로 전화를 주는 이들이 부쩍 늘었다. 취업 준비가 길어져서, 면접에 계속 떨어져서, 합격은 했는데 급여가 적어서 등등의 이유로 연락하는데, 그들이 공통적으로 하는 말 중 하나가 자존감이 떨어졌다는 것이다.

필자는 3장에서 취업에 성공하려면 '면접 깡패'가 되어야 한다고 이야기했는데, 면접 깡패들은 하나같이 자존감이 높은 사람들이다. 다른 건 몰라도 자존감이 낮으면 안 된다. 당신의 자존감은 안녕한가? 혹시 자존심이 상한 건데 자존감이 잘못된 것으로 착각하고 있는 건 아닌가?

종종 자존심과 자존감을 혼동하는 이들이 있다. 두 단어는 비슷한 말인 듯한데 어딘가 다르고, 둘 다 중요한 것 같은데 뭐라 딱 정의하기가 어렵다. 하지만 여기서 중요한 건 정의가 아니라 구분이다. 두 단어를 확실히 구분해서 본인의 상태가 어떠한지 체크해보기 바란다.

자존심과 자존감은 먼저 망가지는 형태가 다르다. 자존심은 상했다고 하고, 자존감은 무너졌다고 한다. 음식이 상하면 어떻게 해야 할까? 버리면 된다. 그냥 버리면 되는 것이다. 상했을 때마다 미련 없이 버려야 한다. 상했는데도 그냥 두면 잘못 먹었다가 병이 나거나 다시 끓여도 냄새만 심하게 난다. 그런데 건물이나 성벽처럼 무너지면 안 되는데 무너졌다면 어떻게 해야 할까? 다시 세워야 한다. 하지만 너무 어렵다. 한 번 무너진 걸 다시 세우려면 힘도 많이 들도 시간도 한참 걸린다. 그러니까 자존감은 무너뜨리면 안 되는 것이다. 잘 관리해야 하는 게 자존감이다. 자존감은 자존심에 비해 복구하는 데 걸리는 시간과 비용이 훨씬 크다.

둘은 잘못되었을 때의 심리 상태도 각기 다르다. 자존심이 상하면 나 아닌 다른 누군가를 죽이고 싶어진다. 막 미워지고 싫어져서 물어뜯고 싶어졌다면 자존심이 상한 것이다. 그런데 누가 아니라 내가 그냥 죽고 싶어지고, 남이 아니라 나만 미워졌다면 자존감이 무너진 것이다.

자존심과 자존감의 차이는 회복하는 방식에서도 드러난다. 자존심이 상한 날은 친한 친구와 만나 소주 한잔하며 눈물 한 번 찔끔 흘리고 싶은 사람이나 회사 욕을 실컷 하고 나면 다음 날 아침 회복될 수 있다. 반면 자존감이 무너지면 차를 바꿔도 회복이 되지 않는다(필자도 겪어봐서 안다). 그러니까 둘의 가치를 비교해보면, 자존심은 소주 한잔 값이지만, 자존감은 외제차보다 값지고 비싼 것이다.

이 이야기를 하는 이유는 간단하다. "아, 자존심 상해. 이 회사 못 다니겠어" 하면서 소주 한잔 값도 안 되는 것 때문에 열폭(열등감 폭발)해서 회사를 그만둘 이유가 없다는 것이다. 상한 자존심 때문에 애먼 회사를 버릴 이유가 없고, 상한 자존심만 버리면 된다.

취업이 안 된다, 면접에서 미끄러진다, 승진이 안 된다, 급여가 오르지 않는다와 같은 문제들은 본인을 탓할 일이 아니라 세상 탓하고 남 탓해도 되는 일이다. 절대로 자존심의 문제를 자존감의 문제로 만들어서는 안 된다.

자존감은 한 번 무너져버리면 무슨 수를 써도 다시 세우기가 어렵다. 절대 무너지지 않도록 잘 붙들어두어야 한다. 그 어떤 것보다 소중하므로 무조건 지켜야 한다. 자존심은 인생에 별 도움이 안 되지만, 자존감은 인생 전체를 끌고 가는 원동력이기 때문이다.

그러니까 핵심은 자존심의 문제를 자존감까지 확대시켜서는 안 된다는 것이다. 자존심 때문에 자존감이 흔들리지 않도록 해야 한다. 어떤 경우라도 지켜내야 한다. 스스로를 존중하는 마음이 스스로를 빛나게 하고 가치 있게 해주기 때문이다. 자존감만 견고하게 지키고 키워나간다면 조금 안 풀리는 일들, 열받는 것들도 다 해결할 수 있다. 지금 당장 응원할 것 하나를 꼽으라면 취업이나 이직이 아닌 자존감일 것이다. 자존감과 함께해야 취업과 이직도 할 수 있기 때문이다.

효과 만점 '퇴사감기' 퇴치법

코로나19의 난리통에도 많은 이들이 필자를 찾아온다. 대부분은 다니는 회사에 대한 불만을 가득 안고 있다. 그들을 만나면 하는 말이 비슷하다. 바로 '퇴사감기'에 걸린 사람을 위한 퇴치법이다. 진짜 감기는 3~4일이면 떨어지는데, 이 퇴사감기는 최소 몇 달은 간다.

퇴사감기에 걸린 사람들은 회사에서 누구보다 열심히 일하고 회사에 대한 로열티도 높다. 회사가 더 잘되면 좋겠고 나도 그 덕에 잘되기를 바라는, 그러니까 결코 게으르거나 날로 먹으려는 사람들이 아니다. 오히려 일을 향한 의욕이 충만한데 회사에서 받쳐주지 못하는 사람들이다. 본인은 계속해서 무언가를 제안하고 시도하는데 회사도 윗사람들도 들어주지 않고 그대로라서 실망한 것이다. 이들은 끼리끼리 어울려 다니면서 회사와 상사를 욕하다가 감정의 골이 깊어져 비판적인 사고로 빠지게 된다.

그런 면에서 퇴사감기는 연애와도 비슷하다. 처음에는 너무 좋았지만, 서서히 단점이 보이고, 참고 넘기던 단점들이 슬슬 거슬리기 시작한다. 이제는 단점들이 더 크게 자주 보이면서 점점 꼴도 보기 싫어진다. 그래서 고치라고 이야기하니 상대도 가만있지 않고 대꾸하다가 대판 싸우게 된다. 그 감정이 계속 남아 다음에 또 싸우게 되고, 싸우는 과정에서 어처구니없는 서로의 단점을 확인한다. 결국 죽고 못 살던

두 사람은 연락하기도 싫은 사이가 되어 헤어지고 만다.

회사생활도 비슷하다. 한껏 기대에 부풀었다가 이도저도 다 싫어지고, 어느 순간 퇴사할 이유를 아주 꼼꼼히 찾게 된다. 기본적으로 일을 잘하기 때문에 퇴사의 이유도 기가 막히게 찾고 논리도 정연하다. 누구도 반박하기 어렵게 퇴사할 수밖에 없는 스토리 라인을 정립해놓는다. 이것이 필자가 퇴사감기라고 이름 지은 증상이다.

이런 증상이 찾아오면 어떻게 해야 할까? 당장 회사를 때려치워야 할까? 그래선 안 된다. 절대로 그만두어서는 안 된다. 필자가 해결책을 알려줄 테니 밑져야 본전이란 생각으로 한번 실천해보기 바란다.

먼저, 한두 달쯤 될 대로 되라는 생각으로 일하는 것이다. 배를 째라는 식으로 일을 대충하는 것이다. 출근만 하고 근무시간에는 농땡이를 피운다. 상사한테 깨져보고 개판도 쳐보라. 어느 정도까지 하느냐면 딱 잘리지 않을 만큼만. 이것이 백수가 되기보다 백번은 지혜로운 처사다. 한번 해보라. 이렇게 한두 달 지내다 보면 어느덧 회사에 대한 불만도 사라지고 당장 때려치우고 싶어 했던 내가 어느새 '나 회사에서 잘리면 어쩌지?' 걱정하게 될 것이다. 그때부터 퇴사감기가 치유되기 시작한다.

농담처럼 들리겠지만, 요지는 하나, '쿨링 타임(cooling time)'을 가지라는 것이다. 퇴사감기는 회사에 다니면서 급여를 받고 있지만 '급여 이상으로 희생하고 있다', '노력에 비해 적절한 대우를 받지 못하고 있다'는 일종의 피해의식에서 비롯된 것이다. '열심히 하고 있는데 이게 뭐야?'라는 마음이 쌓여 어느 순간 열이 나고 콜록거리게 된 것이다. 그러니 한두 달 정도 피해의식을 떨쳐내는 시간을 일부러라도 가져보는 것이 좋다.

퇴사감기에 걸렸다 싶을 땐 이직 준비를 해보는 것도 도움이 된다. 또 장기적 관점에서 더 나은 경력을 쌓기 위한 시도를 해보는 것도 방법이다. 내 경력에서 부족한 것을 살펴 어학 등을 공부하는 방향으로 시간을 활용하는 것이다.

감정에 사로잡혀 당장 회사를 때려치우고 나오는 것은 어리석은 선택이고 본인만 손해를 보게 된다. 이것이 일시적인 퇴사감기인지 진짜 퇴사를 해야 하는 신호인지 모르더라도 일단은 곧 지나가겠지 하고 그 시간을 현명하게 써야 한다. 여기서 현명하게 쓰라는 말은 회사를 위해서가 아니라 나 자신을 위해서, 심신의 평화를 위해서 이기적으로 시간을 보내라는 말이다.

필자가 4장 '퇴사의 정석'에서 이야기한 '퇴사하면 절대 안 되는 타이밍'을 참고하기 바란다. 퇴사하면 안 되는 시기에 퇴사감기에 걸린 것 같다면 더더욱 잘 견뎌내야 하기 때문이다.

매일 화내던 사장(놈)의 반성

회사를 운영해온 10년이란 기간 동안 별의별 일이 다 있었다. 그러던 중 2020년에 '시사투데이 올해의 신한국인 대상'을 받게 되었다. 사실 이런 상이 있는 줄도 모르고 받았다. 수상자로 선정되었다는 연락을 받았을 때 처음 든 생각은 '아! 누군가 알아봤구나. 결국 나를 알아봐주는구나'라는 것이었다. 매우 기뻤다.

우리 회사가 비교적 잘 운영될 수 있었던 것은 무엇보다 직원을 잘 뽑았기 때문이다. 우리 회사는 특별한 스펙도 경력도 없는 친구들을 주로 채용해왔다. 필자가 대학에서 강의하면서 지켜본 학생들 중에서 태도가 좋고 눈빛이 살아 있는 학생, 무엇보다 본인 스스로를 아낄 줄 아는 학생을 선발했다. 그러다 보니 실패 확률이 적었다. 알고 뽑은 인재들이기 때문이다.

그렇다고 해서 입사한 친구들이 모두 회사에 남아 있는 것은 아니다. 입사했다가 얼마 안 되어 퇴사한 친구가 적지 않았다. 성장 가능성을 보고 채용했는데 너무나 아쉬운 일이었다. 떠나는 친구들을 보면서 '내가 잘못 봤구나. 요즘 애들은 역시 끈기가 부족하구나'라는 생각이 들기도 했다. 그런데 한동안 너무 많이 퇴사하니까 문득 이런 생각이 들었다. '우리 회사가 문젠가? 나한테 문제가 있나?'

그리고 인정하게 되었다. 실은 최근에서야 인정하게 된 것인데, 필자의 문제였다. 좋은 점과 가능성을 보고 인재를 뽑아놓고는 "남들보다 3배 더 일해야 성공한다", "너희는 부족하니까 무조건 더 배워야 한다", "단점은 바로 고쳐야 한다"는 필자만의 매니징 프레임으로 직원들에게 개선만 요구했던 것이다. 다시 말해서 장점과 가능성을 살려주지 못한 것이다. 그러니 버티지 못하고 퇴사해버린 것이다. 돌이켜 생각하면 그게 제일 아쉽고 후회스럽다. 그들이 남아 있었더라면 더 좋았을 거라는 생각이 든다.

직원들을 다르게 대했어야 했다. 오래 지켜보고 가능성을 믿고 뽑은 것까진 좋았지만, 막상 뽑아놓고는 부족한 점들만 고치려고 푸시를 하니 남아나질 못한 것이었다. 이러한 필자의 부족함 때문에 보석 같은 친구들을 많이 잃었다. 생각해보면 직원들은 필자의 부족한 점을 다 참아주고 있었는데, 필자는 직원들의 부족함을 전혀 이해해주지 않았던 것이다.

지금은 보석 같은 친구들이 오래오래 즐겁게 일할 수 있는 회사를 만들기 위해 노력 중이다. 깊은 반성과 깨달음 위에서 직원들이 잠재력과 재능을 최대한 발휘할 수 있도록 힘을 다해 도와주고, 부족한 점이 있어도 바로 지적해서 고치려 들기보다는 수용하고 이해하여 채워주려고 한다. 부족한 점은 고쳐야 할 점이 아니라 인재의 재능을 살리기 위한 비용이라 생각하고 감수하려고 한다.

필자가 이런 마음으로 직원들을 대하기 시작하니 전에 없던 활기가 회사에 가득해졌다. 진행도 순조롭고 좋은 일도 더 많아졌다. 사업을 하고 있거나 직원들을 매니징하는 위치에 있는 리더들도 같은 생각을 하게 되었으면 좋겠다. 직원들의 부족한 점을 당연한 비용으로 여기고 오로지 반짝이는 부분에 초점을 맞춰 함께 개발해나가면 좋겠다. 직원들의 못마땅한 구석만 보며 혼자서 부글부글 속을 끓이지 말고 잠깐만이라도 그들의 예쁜 구석, 빛나는 부분을 발견하는 시간을 가져보면 어떨까? 지금도 우리 직원들은 매일같이 우리의 못난 매니징과 부족한 점을 참아주고 있을 것이다. 우리도 그들을 위해 참아주고 장점을 이끌어주면 어떨까? 직원들이 우리를 위해 힘겹게 참아주고 있다는 생각으로 직원들을 대하기 시작하면 마음속의 울화와 스트레스도 사라질 것이고, 얼마 지나지 않아 회사에 활력이 넘치는 것을 실감하게 될 것이다.

결국 일은 사람이 하는 것이고, 단점이나 실수가 없다면 그것은 사람이 아닐 것이다. 우리와 함께하는 직원들을 고마운 마음으로 대하면 좋겠다.

회사생활 잘하는 그들의 마인드

필자는 일의 특성상 세계적인 기업들의 임원들과 만나서 이야기할 기회가 많은데, 그들에게는 정말로 남다른 면이 있고 배울 점이 많다. 그래서 필자가 만나온 임원들, 직장인으로서 '별'을 딴 사람들, 회사에서 성공한 억대 연봉자들의 특징을 알려주려고 한다.

억대 연봉의 임원들은 단순히 운이 좋아서, 줄을 잘 서서 그 자리에 오른 게 아니다. 그들만의 무언가가 오늘의 그들을 있게 만든 것이다. 지금부터 그것을 살펴보려고 한다. 중간중간 우리의 뼈를 때리는 내용도 있으니까 충격받지 말고 의미를 잘 새겨 성공하는 회사생활에 보탬이 되도록 하기 바란다.

연봉은 내가 만드는 것이다

업무에 대한 마음가짐이 다르다

갑자기 부장님이 불러서 "김 대리, 이거 기안 좀 만들어봐"라며 업무를 지시했다고 하자. 그런데 내 담당이 아니다. 그러면 어떻게 반응할까? 보통은 '왜 이런 걸 나한테 시키지? 짜증나네'라고 생각하거나 조금은 다르게 '어차피 해야 할 일이니 혼나지 않을 정도로만 대충 하자'고 생각할 것이다.

억대 연봉의 그들은 어떻게 반응할까? '내가 믿음직스러워 일을 시켰겠지. 이번에 열심히 잘해서 더 중요한 일을 맡을 수 있는 기회로 삼아야겠다'라거나 '내가 일을 잘한다고 사장님께도 보고가 들어갔나 보다'라며 주어진 일을 자신의 일로 기꺼이 받아들인다. 설마 그럴까 싶겠지만, 필자가 만난 그들은 일을 대하는 사고방식이 달랐다. '모두를 깜짝 놀라게 해주겠어'라면서 일 자체를 본인의 능력을 뽐낼 기회로 여긴다.

어떤 일에 소극적으로 나오는 사람과 적극적으로 반응하는 사람 중에서 누가 더 나은 결과물을 낼지는 보지 않아도 뻔하다. 당신은 어떤 부류인가?

어려운 업무를 대하는 태도가 다르다

회사에 골치 아프고 어려운 일, 시간이 많이 걸리는 일, 해도 표가 안 나는 일, 밤을 새워도 끝낼 수 없는 일이 생겼다고 하자. 사람들은 어떤 태도를 보일까? 대부분 '아, 또 야근하겠네. 미치겠다. 왜 나한테 이런 일이 생기지? 이 월급 받고 이렇게까지 해야 하나?'라며 짜증 섞인 반응을 보일 것이다.

그들은 어떨까? '오케이, 해야지. 이번에 제대로 해놓으면 나중에도 쓸 데가 있을 거야. 집에 가서 마땅히 할 것도 없으니 야근이라도 해야겠어. 오늘밤에 안 되면 주말에라도 해야지'라는 식으로 생각하고 업무에 착수한다. 그것을 회사도 알게 되고 사장도 알게 된다. 누가 열심이고 누가 요령을 피우는지 말이다.

회사에서 중요하고 어려운 일을 맡게 될 사람은 어느 정도 정해져 있다. 회사의 명운이 달린 일이 생겼을 때 사장이 찾을 사람은 평소에도 열심을 내는 사람이다. 그리고 그는 그 일을 성공적으로 해내면서 회사와 더불어 성장해간다.

연봉은 내가 만든다고 생각한다

억대 연봉의 임원들은 연봉에 대한 인식이 근본적으로 다르다. 본인의 연봉은 본인이 만들어내는 것이지 회사에 사정해서 받아내는 것이 아니라고 생각한다. 연봉은 회사가 올려주는 게 아니라 내가 올리는 것이고, 열심히 했는데도 오르지 않았다면 아직 오를 때가 아닌 것이다. 그들은 일과 능력으로 승부하지 입이나 요행에 의지하지 않는다.

회사에 대한 마음가짐이 다르다

그들은 회사를 '특별히' 생각한다. 이런 식이다.

'회사는 노동력을 착취하는 곳이 아니고, 사장님은 나를 힘들게 하는 사람이 아니다. 회사는 내 삶과 능력의 터전이고, 나의 흔적과 업적이 남는 앨범 같은 장이다. 사장님은 나의 진가를 알아봐주고 능력을 극대화시켜줄 가장 강력한 동기유발체다.'

당신은 어떤 식으로 생각하는가? 혹시 회사가 나를 갉아먹고 있다고 생각하는 건 아닌가? 회사가 망했으면 좋겠다고 생각한 적은 없는가? 노동력의 대가를 받을 뿐이라고 생각하는 이들은 실제로 딱 그만큼만 받게 된다. 이와 달리 억대 연봉자들은 회사에서 본인의 가치를 생각하며 행동한다. 매 순간 본인의 말 한마디, 행동 하나가 어떤 영향력과 가치를 발현하지 염두에 두고 회사생활을 한다.

어떤 기업의 임원이 필자에게 이런 말을 한 적이 있다.

"저는 임원이 되고 나서 결혼을 포기했습니다. 회사에서 임원의 자리를 맡긴 것은 더 어려운 일, 더 중요한 일을 하라는 뜻이니까요. 그에 부응하려면 하루 12시간도 부족할 것 같아요. 일을 더 해야 할 것 같습니다. 힘들어도 기꺼이 하려고 합니다. 그래야 임원이라고 할 수 있겠죠."

필자가 그들을 너무 좋게만 보는 걸까? 하지만 실제가 그랬다. 세계 최고의 기업에 있는 그들은 학력이 유달리 좋거나 영어를 잘해서 그 자리에 있는 것이 아니었다. 회사일이라면 무엇이든 기꺼이 잘해내려고 했기 때문이다. 그러한 마음가짐이 그들을 그 자리에 올려놓은 것이다. 그들은 본인의 연봉을 노동의 대가로 치부하지 않았고, 본인이 회사에 투영한 가치이자 앞으로 더욱 발현시킬 가치라고 믿고 있었다.

임원은 누가 되는가

앞에서 억대 연봉자의 마인드와 태도를 살펴보았다. 이제는 회사에서 누가 임원이 되는가를 알아보려고 한다. 그러다 보면 사람은 좋은데 왠지 안쓰러운 '만년 부장님'들은 왜 임원이 되지 못했는지도 자연스레 알게 될 것이다.

누가 임원이 되는가를 알아보기 전에 임원의 역할에 대해 살펴보는 것이 좋을 것 같다. 역할을 알아야 그에 맞는 사람이 누구인지 판단할 수 있고, 회사에서 임원을 뽑는 이유를 이해할 수 있을 것이다.

기업의 대표들을 만나서 "제일 힘든 순간이 언제인가요?"라고 물어보면 10명 중 7명 이상이 "이사나 상무가 내 의도대로 움직이지 않을 때"라고 답한다. 이 말을 곱씹어보면 대표들은 '내 옆에서 나의 목표와 의도를 정확히 인지하고 조직을 일사불란하게 움직여줄 수 있는 사람을 임원으로 두고자 한다'는 사실을 알 수 있다. 이 말인즉슨 안 되는 이유, 못하는 이유, 어려운 이유를 분석해서 알려달라고 임원을 뽑은 것이 아니고, 어렵고 힘들고 벅차지만 조직의 목표와 대표의 의도를 정확히 파악하고 실현하는 방법을 찾아 적극 실행하는 사람을 원한다는 것이다.

일이 어렵고 힘들다는 것은 대표와 사장이 누구보다 더 잘 안다. 그러니 그 이야기를 해봐야 아무런 소용이 없다. 어렵고 힘들어도 해낼 수 있는 방법을 찾아 성공시키는 것이 임원의 역할이다. 그러라고 임원으로 앉힌 것이고, 높은 연봉을 주는 것이다. 단순한 거수기가 아니라 대표의 든든한 친구이자 해결사가 되어줄 사람을 임원으로 데리고 있고 싶은 것이다.

어느 조직에나 있는, 우리가 익히 잘 아는 '만년 부장님'은 어떤가? 이들의 두드러진 특징은 팀원들과 동료들을 위해 총대를 멘다는 것이다. 그래서 일을 해내기가 어려운 이유, 힘든 이유, 못하는 이유를 줄줄이 늘어놓는다. 그래서 사람들한테 좋은 사람이라는 소리를 듣기는 하지만, 문제의 책임을 혼자서 뒤집어쓰게 된다. '사람이 좋으면 승진을 못한다'라는 말도 있는데, 정확히 이야기하면 아랫사람들한테 '좋은 분'이라는 소리를 들으면 만년 부장님이 된다는 것이다.

그러면 이사가 되고 상무가 되는 사람을 생각해보자. 조직을 쥐어짜서 밑에 있는 사람들이 그 때문에 죽겠다고 말하는 사람이 있다. 직원들이 매일 뒤에서 욕을 하고 원망을 쏟아낸다. 그런데 그런 사람이 나중에 보면 꼭 임원이 된다. 그래서 사람들은 세상이 불공평하고 나쁘다고 말하지만 임원이 인기투표로 되는 건 아니기에 그는 아랑곳하지 않는다.

임원이 된 그들은 대표 앞에서 "네네! 알겠습니다! 해보겠습니다!"라면서 말도 안 되는 오더를 받아들고 와서 직원들의 원성을 산다. 그래서 '악질', '악마', '악녀'로 손가락질을 받지만, 크게 개의치 않는다. 그들은 실패를 두려워할 뿐 욕먹는 건 두려워하지 않는다. 마인드 자체가 다르다. 채용을 진행하면서 정보를 탐색하다 보면 '어느 회사의 누구는 악녀네', '어떤 부장 때문에 애들 다 나가네' 등의 말들을 접하게 되는데, 그런 이들이 승진해서 임원을 다는 경우가 많다.

정리하면 이렇다. 무조건 대표한테만 잘하고 아랫사람들한테는 악마처럼 굴어도 된다는 말이 아니다. 대표가 누구를, 왜 임원으로 채용하는지를 알고 행동하자는 것이다. 불가능에 도전하라는 게 아니라 대표와 조직의 목표와 의도를 정확히 알아서 어떻게든 이루기 위한 수단과 방법을 강구해야 임원이 될 수 있다는 것이다. 임원이라는 타이틀과 연봉은 괜히 주는 게 아니다. 남들은 어려워하고 피하는 일을 이루라고 주는 것이다. 회사에서 차장이나 부장급에 머물러 있는 이들이 안 되는 이유만 늘어놓는 모습과 달리 임원들은 어떻게든 해낼 방법을 생각한다는 점을 분명히 알아야 한다.

임원 디렉터 포지션에 합격한 사람들이 면접에서 최종 결정권자에게 던지는 메시지를 보면 그들이 임원이 되는 이유를 보다 확실히 알 수 있다.

'나는 당신의 친구고 해결사야. 어려운 거 시켜봐. 골치 아픈 거 얘기해봐. 내가 해결해줄게. 당장에 못해도 어떻게든 해볼게. 나는 나의 리더십을 조직의 목표와 대표의 의도 실현을 최우선으로 해서 발휘할 거야. 이게 몸값을 하는 길이라고 생각해. 그러니까 몸값 할게. 당신 대신 모든 욕을 다 얻어먹을게. 내게 맡겨. 당신은 지시만 해. 그럼 당신도 좋을 거야.'

그들은 본질적으로 위와 같은 메시지를 최종 결정권자에게 던지는 이들이다. '나 일 잘해. 이런 것도 해봤고, 성과도 내봤어. 나 잘났어' 등등의 이야기는 부장 수준의 이야기고, 그런 사람은 회사에 한둘이 아니다. 임원은 일 잘하는 사람, 열심히 하는 사람이 되는 자리가 아니고, 대표와 조직에 주는 메시지가 남다른 사람이 올라가는 자리다.

회사생활을 하다 보면 '왜 저런 인간이 임원으로 승진을 했지?' 싶을 때가 있을 것이다. 내부에서 말도 많이 나올 것이다. 그러나 알고 보면 세상은 불공평하지 않다. 대표와 조직도 절대 바보가 아니다. 오히려 우리가 대표와 조직의 의도를 모르고 불평하는 것이다. 임원은 회사의 골칫거리를 풀어주는 해결사와 같다. 사람들처럼 불평만 늘어놓는 투덜이가 아니고, 누구처럼 아랫사람들의 눈치를 보느라 결과를 희생하지 않는다. 무슨 일이든 해내는 사람, 그게 임원이다.

사원에서 CEO가 된 사람들의 특징

여기서 얘기하는 CEO는 오너 사장이 아니라 사원으로 회사생활을 시작해서 조직의 직급 끝까지 올라간 사람을 가리킨다. 그렇다면 어떤 직원이 CEO의 자리에 오를까?

일전에 외국계 소비재 기업과 명품 브랜드 기업 두 곳의 CEO 및 지사장 채용을 진행한 적이 있다. 그때 채용을 위해 조사한 100여 명의 전현직 CEO와 지사장의 스펙, 이력, 성향을 보고 발견한 공통점에 대해 말하려고 한다. 외국계 기업의 CEO나 지사장을 목표로 하는 이들뿐만 아니라 국내 기업의 미래 CEO들에게도 좋은 참고가 될 것이다.

먼저, 그들은 학벌, 학부, 외국어 능력 등으로 대표되는 스펙이 우수했다. 대부분 국내 상위권 대학들 출신이고, 상경계열이나 인문사회계열 전공자들이었다. 해외 학부 출신은 절반 정도이고, 석사학위 소지자는 전체의 20%쯤 되었다. 그러니까 꼭 해외 대학의 MBA 출신이 CEO와 지사장이 되는 건 아니라는 말이다.

스펙 중에서 지원자들 100%라고 할 수 있는 공통점이 하나 있었는데, 바로 영어 구사 능력이었다. 100여 명 모두가 한 사람의 예외도 없이 영어 커뮤니케이션에 문제가 없었다. 외국계 기업의 지원자들이라는 점이 작용했겠지만, 어느 정도 이상의 영어 실력은 필수라고 봐야 할 것이다(하나마나한 얘기 같지만, 영어 능력이 부족하면 어딜 가나 제한을 받는 것이 현실이다).

더 중요한 특징으로 들 수 있는 부분은 근속기간이다. 그들의 평균 이직 횟수는 3~5회 정도인데, 이직과 이직 사이의 기간이 짧지 않다. 2년에서 3년 단위로 이직한 것이 아니라 관련 업계의 '톱티어(top tier. 분야 1위 기업)'에서 5년 이상 근속한 것으로 나타났다. 그러니까 세계 1등 제품을 보유한 기업에서 근무한 경험이 경력상 하이라이트로 눈에 확 들어온다. 이 경력이 말해주는 의미는 뭘까? 일류 기업에서 관련 분야의 업무를 5년 이상 지속하면서 정통하게 되었다는 것이다. 그러면서 본인이 만들어내고 시장에서 주목한 성과가 있었을 것이다.

그렇다면 그들은 어떤 계기로 CEO나 지사장의 타이틀을 손에 쥐게 되었을까? 본인이 임원으로 있었던 조직에서 CEO로 승진한 사례는 많지 않고, 어떤 경유로 제안을 받아 CEO로 이동한 경우가 대부분이다. 그들은 보통 주변의 네트워크가 상당히 좋은데, 톱티어에 있을 때 형성해놓은 네트워크를 기반으로 새로운 기회를 얻게 된다. 예를 들어 해외 출장 등으로 어떤 세미나나 미팅에 참석해서 본사의 동료들이나 관련 기업의 비즈니스맨들, 경쟁사 사람들을 만나 깊은 인상을 남기는 것이다. 그러한 만남을 시작으로 연락을 주고받으며 친구가 되고, 차를 마시거나 밥을 먹고 술 한잔하면서 이런저런 이야기를 나누다가 채용 정보를 알게 되고 추천을 받게 된다. 이를테면 외국계 기업의 중역과 한국 시장에 관한 대화를 하다가 "우리 회사가 한국 시장에 진출하려는데 혹시 관심 있으세요?"라는 말을 꺼내는 식으로 갑자기 일이 전개되는 것이다.

그러니까 출장을 가거나 모임이 있으면 좋은 기회로 생각하고 그 자리를 나의 쇼케이스로 만들어보면 좋을 것이다. CEO나 지사장이 된 그들은 그런 자리에서 본인을 제대로 어필하는 능력을 갖고 있다. 한 번이든 두 번이든 만났던 이들을 기억하고 수시로 연락해서 스쳐 갈 수 있는 인연도 본인의 네트워크로 만들어버리는 인맥 관리 능력이 좋다. 성향이나 특징은 제각각이라고 할 만큼 다양하지만, 일이나 사람에 대해서는 엄청 열정적일뿐더러 본인 자랑에도 뛰어난 면모를 발휘한다.

결국 그들이 CEO가 될 수 있었던 핵심은 톱티어의 경험과 네트워크 관리 능력이다. 혹시 그들의 프로파일이 궁금하다면 링크드인 SNS로 알아보기를 권한다. 만약 인맥 연결이 잘 되지 않으면 필자의 링크드인을 타고 가서 그들의 페이지를 들여다볼 수 있을 것이다(필자의 링크드인 1촌이 1만 명 정도는 되니까 분명 도움이 될 것이다).

몸값을 올리는 가장 확실한 방법

좋은 학교를 나오면 취업에 유리하다는 말을 쉽게 이해하려면 기업의 채용 형태를 소비 개념으로 치환해보면 된다. 우리가 운동화를 사거나 어떤 브랜드의 제품을 구입할 때 항상 따져보는 게 가성비, 가심비 같은 것들이다. 기업에서 인력을 채용하는 것도 그렇다. 돈을 지불하고 노동력을 구매한다는 면에서, 비용 대비 효과를 고려한다는 점에서 제품 구입과 흡사하다.

명문대 출신이 취업에 유리한 이유

소비자들은 같은 가격이면 조금 더 할인받고 싶고, 같은 돈이라면 더 좋은 제품을 사고 싶어 한다. 이런 걸 합리적인 소비라 하고, 일반적인 소비의 심리라고 할 수 있다. 그런데 기업은 더 많은 요소를 반영하여 개인보다 훨씬 더 합리적인 선택을 하는 집단이다. 새로 인력을 채용할 때도 과거의 데이터를 보고 채용 전과 후를 비교한 결과를 반영하여 결정한다. 또한 보다 가성비 있는 인재를 뽑기 위해 많은 시스템을 개발해왔는데, 지금까지의 경험을 토대로 내린 결론은 좋은 학교 출신, 소위 명문대 출신이 같은 비용, 즉 같은 연봉을 주었을 때 더 좋은 성과를 내더라는 것이다. 그들의 '가성비'가 입증되었다는 것이다.

그러면 왜 명문대 출신들이 가성비가 좋을까? 왜 그들은 기업들로부터 우수한 인재라는 평가를 받을까? 필자가 보기에 가장 큰 이유는 명문대들이 가지고 있는 커리큘럼의 힘인 것 같다. 그렇다고 비명문대의 커리큘럼이 떨어지거나 나쁘다는 말은 아니다. 다만 명문대들에서 작동하는 커리큘럼이 학생들의 노력으로 좀 더 힘을 발휘한다고 할까? 수업과 시험의 강도와 필요한 준비가 더 어렵고 밀도가 있다. 이 책의 앞에서 말했지만, 전공과 교양을 통틀어 한 과목의 시험을 치르는데도 많은 책을 읽고 소화해야 한다. 전공과목의 경우 거의 7~8권의 서적과 참고도서를 봐야 하고 그 안에 원서도 포함되어 있다. 또한 그 많은 자료들에서 이해한 내용을 압축하고 자신의 의견을 결합해서 답안지를 작성한다. 명문대 출신들은 그런 훈련이 잘되어 있고 치열한 경쟁을 거치면서 다른 학교 출신들보다 더 좋은 결과물을 만들어낸다. 그러니까 기업들은 그런 인재들이 좋은 성과를 낼 가능성이 높다고 보고 채용을 선호하는 것이다. 명문대 출신이 자료를 읽고 소화하여 말이나 글로 표현하는 능력이 좋은 걸 넘어서 어떤 과제나 목표가 주어졌을 때 해결하는 데 더 열정적으로 접근한다는 것이 기업들의 인식이다.

그러면 취업을 위해 좋은 학교에 다시 들어가야 할까? 그건 아니지만 학력으로 인한 불리함은 인정해야 한다. 어떤 경우에는 기업들이 학교의 네임 밸류만 보고 서류를 통과시키기도 한다. 학교 이름에 현혹되어 얼추 잘 썼겠지 하면서 그냥 넘기는 것이다. 하지만 명문대의 프리미엄이나 현혹의 효과만은 아닌 것이 실제로 평가해도 점수를 더 주게 된다. 다시 말하지만, 필자가 과거에 어센더즈라는 채용사이트를 운영하면서 인재들을 선별할 때 확인한 사실인데, 학교 이름을 가리고 이력서를 평가해도 좋은 학교 출신들의 자기소개서가 훨씬 더 논리적이고 이해하기 쉽게 작성되어 있었다. 그때 필자는 표현력을 키우는 훈련의 결과가 차이를 낳은 결정적 요인이라는 사실을 명백히 알게 되었다.

그러면 명문대생이 아닌 취준생들은 어떻게 해야 할까? 서울의 명문대생과 경쟁해야 하는 지방의 전문대생은 어떤 방법을 써야 할까? 일단은 현실을 인정하고 차이를 극복하기 위한 노력을 시작해야 한다. 반복해서 말하지만, 그들처럼 책을 많이 접하고 표현하는 능력을 키워서 누구보다 경쟁력 있는 이력서를 만들어야 한다.

취업을 위한 자격증시험 공부도 중요하지만, 많은 책을 경험하면서 읽은 소감과 의견을 써보는 훈련이 더 중요할 수 있다. 무조건 많이 쓰고 말해야 한다. 많이 쓰면서 자기소개서를 작성하는 능력을 키우고, 많이 말하면서 면접 능력을 향상시켜야 한다. 단순히 책에서 이해한 무엇에 대해 서술하는 게 아니라 독서 경험을 통해 알게 된 내가 알고 있는 나에 대해 글로 표현하는 것이 자기소개서이고, 말로 표현하는 것이 면접이다.

취업시장에서 경쟁력을 가지려면 책을 읽고 이해한 내용을 표현해 보는 습관을 들여야 한다. 만약 방법을 잘 모르겠다면 필자와 같은 전문가를 찾아서 실제로 면담해보고 방법을 논의한 후에 전략을 짜보는 것도 좋을 것이다.

회사에서 나의 가치를 높이는 7가지 방법

직장인으로서 몸값을 올리는 방법에 대해서도 알아보자. 이런 얘기를 하면 꼰대 소리를 듣기 십상이지만, 인정할 건 인정해야 한다. 필자는 꼰대가 맞다. '라떼는 말이야(latte is horse. '나 때는 말이야'를 비튼 말로, 기성세대의 고리타분함을 꼬집는 신조어)'라는 말도 눈치가 보이고, 열정이란 단어를 입에 올리기도 어려운 요즘 세상이지만, 그 '라떼'가 없었다면, 누군가의 열정이 없었다면 오늘 같은 세상은 오지 않았을 것이다. 답답한 잔소리를 많이 한다고 해서 꼰대 취급을 받지만, 그들의 말에도 귀담아 들어야 부분이 있다.

꼰대 이야기를 꺼내는 이유는 회사생활을 하면서 몸값을 올리는 방법이 젊은이들이 비난하는 꼰대들의 말 속에 있기 때문이다. 그들의 말은 스펙을 쌓고, 업무를 처리하고, 이직을 하는 방법에 관한 것이 아니라 마음가짐에 관한 조언이다. 직장인 모두에게 도움이 될 말이지만, 특히 신입사원이나 대리 이하의 직원들에게 필요한 말이라고 할 수 있다.

분별력을 키워라

잘되라고 하는 말과 욕하는 말, 싫어서 하는 말을 분별할 줄 알아야 한다. 잘되기를 바라는 마음에서 하는 말까지 꼰대 소리로 치부하면 발전이 더딜 수밖에 없다. 좋은 뜻으로 하는 말도 들으려 하지 않는 요상한 습성, 배배 꼬인 심보를 버리고 잘 구별해서 수용하면 성장에 큰 도움이 된다.

'원래'란 말은 집에 두고 와라

'원래'라는 말을 많이 하는 사람 치고 제대로 하는 모습을 본 적이 없다. 원래는 뭘 못할 때, 안 하고 싶을 때, 불리할 때 나오는 말이다. "저 원래 못해요", "이거 원래 이래요"라고 말하는데, 이 원래가 당신을 후지게 만든다. 원래 후진 그 부분만 극복해도 상당히 괜찮아진다는 걸 알아야 한다.

꼰대들과 가깝게 지내라

회사 상사들, 일명 꼰대들이 퇴근 후에 "김 대리, 우리 소주 한잔할까?"라고 하면 반응이 어떨까? 싫은 티 팍팍 내면서 이런저런 핑계를 대며 피할 것이다. 한편으로 이해는 가지만, 꼰대가 일부러 괴롭히려고 술을 마시러 가자고 하는 건 아니라는 점을 알아야 한다. 젊은 직원에게 하고 싶은 말이 있어서, 좀 더 친해져서 일을 잘해보고 싶어서 함께 하는 자리를 만들려는 것이다. 그들도 당신의 표정을 보면 밥맛이 없을 수 있고 하는 짓을 보면 질릴 수도 있다. 그런데 본인이 신입일 때 선배들에게서 '사랑과 관심은 이렇게 주는 것'이라고 배웠으므로 본인 딴에는 배운 대로 후배에게 주려는 것이다. 회사에서 잘 적응하려면 꼰대들과 가깝게 지내는 것이 좋다.

뭘 알려주면 배우려는 척이라도 하라

뭔가를 알려주려고 하면 알레르기 반응부터 보이는 이들이 있다. 그러면 알려주고 싶은 마음이 싹 사라져버린다. 그런데도 계속해서 찾아온다면 당신이 뭔가 착각하고 일을 멍청하게 하고 있기 때문에 알려주러 온 것이다. 일도 못하면서 똑똑한 척하고 있으니 그러지 말고 제대로 하라며 그 방법을 알려주려는 것이다. 그걸 알아채야 한다. 뭔가 알려주면 최소한 배우는 척이라도 해야 한다.

불평을 자제하라

회사 욕하는 이들은 끼리끼리 만난다. 그런 이들과 자꾸 교류하다 보면 할 줄 아는 게 징징대거나 회사를 까는 것밖에 없게 된다. 불평도 버릇이 된다. 불평의 내용이 맞는지의 여부와는 상관이 없다. 버릇처럼 불평을 일삼다 보면 능히 할 수 있는 일도 못하게 된다. 불평하는 버릇이 일할 마음을 갉아먹어버리기 때문이다. 나도 모르게 불평이 나오지 않도록 의지적으로 노력해야 한다.

어정쩡한 태도를 버려라

회사에서 성공하고 싶다면 한 번만이라도 몸과 마음을 던져봐야 한다. '난 주는 만큼 일한다'와 같은 소리를 하면서 회사에서 성공하고 싶다고 말하는 것은 어불성설이다. 열심히 일하고 열정적으로 몰입하는 것도 능력이다. 사장이, 이사가, 부장이 괜히 그 자리에 있는 게 아니다. 그들은 인사하는 태도만 봐도 능력이 있는지 없는지를 알고, 하는 둥 마는 둥 어정쩡하게 일하는 태도를 제일 싫어한다. 무능을 쿨함으로 치장한다고 될 일이 아니다.

눈치 보지 말고 일하라

하루를 대충 때우려고 하니까 상사의 눈치를 보게 되고 사장 눈에 띄지 않으려는 것이다. 혼날까 봐, 다시 하라고 할까봐 그렇게 행동한다. 회사생활을 그런 식으로 해서는 안 된다. 눈치를 보며 본인을 피곤하게 하지 말고 누가 보든 안 보든 하는 일에 성심을 다해야 한다.

앞에서 자백한 대로 필자는 꼰대가 맞다. 더 말해보라고 하면 얼마든지 말할 수 있겠으나, 핵심은 위에 나오는 '잔소리'들이다. 이 중에서 한두 가지만 제대로 실천해도 회사에서 당신을 귀한 보배처럼 대할 것이다. 일도 더 많이 시킬 것이고 이리저리 불려다닐 것이다. 힘들겠지만 그러다 보면 어느덧 중요한 사람이 되어 있을 것이다.

오해하지 마라. 회사는 사람을 부려먹기만 하지 않는다. 부려먹을 만하면 더 부려먹고, 더 부려먹을 수 있게 그에 맞는 보상을 한다. 실컷 일을 시켜놓고 다른 데 가도록 두지 않는다. 어떻게든 붙잡아두려고 한다. 그 정도가 되어야 몸값이 오르는 것이다.

연봉이 오르지 않는 건 당신의 '원래' 때문이다. 불평만 늘어놓기 때문이다. 꼰대를 우습게 보기 때문이고, 태도가 어정쩡하기 때문이다. 그리고 눈치 보면서 생활하기 때문이다. 몸값을 올리고 싶다면 이와 반대로 행동해야 한다. 그러면 연봉이 오를 것이고, 지옥 같은 회사가, 죽이고 싶은 꼰대들이 당신을 존중해주기 시작할 것이다.

20대에는 무엇을 좇아야 할까?

연봉에 이어 돈을 버는 것에 대해 이야기해보려고 한다. 간단히 말하면 돈 벌기는 헬스랑 비슷하다고 보면 된다.

생전 운동 한 번 안 한 멸치가 일주일 정도 헬스장을 다닌다고 해서 김종국 같은 근육질 몸매가 될 수는 없다. 같은 원리로 사회에 갓 나온 20대 젊은이가 1, 2년 회사를 다닌다고 해서 부자가 될 수는 없다.

헬스를 10년 정도 한 사람들이 있다. 그들은 매일매일 쇳덩어리를 들어올려 종이를 한 겹씩 벽에 붙이듯 몸에 근육을 붙여온 것이다. 점점 무게를 늘려 처음에는 3kg 덤벨도 힘겨워하다가 시간이 지나고 근육이 쌓이면 20kg 덤벨도 너끈히 들 수 있게 된다.

돈 버는 것도 마찬가지다. 처음에는 쥐꼬리 같은 월급에 불과하다. 많은 돈을 감당할 수 있는 시기가 아닐뿐더러 회사에서 더 많이 줄 이유도 없다. 아직 일이 능숙하지 못하니 별다른 성과도 없다. 1~2년 정도로는 이 상황을 벗어나기도 어렵다. 운동을 열심히 해도 금세 근육이 생기지 않는 것과 같은 이치다. 그나마 근육질 몸을 만들 수 있는 사람은 일 없이 운동만 하는 선수나, 배역을 맡아 몇 달 동안 벌크업만 하는 연예인이다. 일반인들이 일을 하고 살면서 그 정도의 몸을 만들기란 아예 불가능하거나 최소 10여 년 이상은 걸릴 것이다. 부자가 되는 것 역시 일반인이 멋진 몸을 만드는 것처럼 어려운 일이다. 물려받은 재산이 없다면 시간과 경험이 쌓여야 한다. 당장 돈을 많이 주는 일은 찾아봐야 소용이 없다. '헬린이'가 '종국이형'이 드는 덤벨로 운동하면 몸이 상하는 것처럼 탈만 나게 된다. 차근차근 일을 배워야 한다. 그러니까 20대는 오래 할 수 있는 일을 찾아 배우는 시기라고 할 수 있다.

20대엔 돈이 없는 게 당연하다. 돈이 없으니까 지속적으로 안정적으로 더 많이 벌려고 일을 배우는 것이다. 이러한 20대에 일을 배우지 않고 돈만 쫓다 보면 오히려 돈도 안 벌리고 인생이 꼬이게 된다. 돈을 쫓지 말고 일을 좇아 배워야 한다.

그러면 돈은 언제쯤 벌릴까? 경험과 기술, 그리고 능력이 충만한 그때부터 벌리게 된다. 필자의 경우에도 헤드헌팅을 10년 정도 하고 나서 돈이 돈답게 벌리기 시작했다. 무슨 일이든 처음부터 돈이 벌리는 경우는 없다.

시작할 때부터 돈을 많이 벌어야겠다는 생각은 버려야 한다. 일을 먼저 배우고, 경험을 쌓고, 배움을 넓혀나가야 한다. 그러면 돈을 벌 수 있는 때가 올 것이다. 지금은 그냥 굶어죽지 않을 만큼만 버는 것에 만족하고 나머지는 미래를 위해 투자해야 한다. 그래서 돈이 아니라 일과 배움을 좇으라고 한 것이다. 아마도 10년 정도 지나면 이제 돈을 좀 버는구나 하게 될 것이다. 돈이란 덩어리가 지금 바라는 것보다 훨씬 커져 있을 것이다. 3kg 덤벨이 20kg짜리가 되어 있을 것이다. 필자는 이것을 '머니 벌크업(money bulk up)'이라고 부른다.

무슨 일이든 벌크업처럼 하는 것이 좋다. 억지로 하거나 아등바등하다가 탈나지 말고, 차근차근 단계와 과정을 거쳐 자연스럽게 성취해야 한다. 그렇게 얻은 성취는 온전히 내 것이라서 오래가고 계속 커지게 되어 있다.

절대 망하지 않는 창업 노하우

필자가 창업을 한 지도 벌써 10년이 지났다. 29살에 창업해서 마흔 줄에 접어든 것이다. 창업할 때 부린 욕심만큼 성공을 거두진 못했지만, 그래도 10년 전과는 비교할 수 없을 정도로 성장했다. 어떻게 보면 망하지 않은 것만으로도 감사할 일이다.

그런데 돌이켜보면 시작부터 망할 수가 없었다. 필자가 이렇게 망하지 않고 사업을 유지할 수 있었던 요인은 크게 2가지였던 것 같다.

'폼' 대신 '일'을 택하라

첫째, 사무실 욕심이 없었다.

처음 사업을 시작할 때 사무실에 많은 비용을 들이는 이들이 있다.

그러나 필자는 월 20만 원짜리 소호 사무실의 한 구석에서 사업을 시작했다. 그러고는 공간이 필요한 상황에 이르렀을 때 조금씩 늘려갔다. 사실 지금 사무실도 그리 큰 공간은 아니고 멋지지도 않다. 다만 직원들이 일하기에 편하고 효율적인 공간이면 된다고 생각한다. 남들 보여주기에, 손님 모시기에 좋은 공간을 만들어놓으면 돈만 나간다. 사업을 오래 유지하려면 사무실에 돈을 들이지 말아야 한다.

둘째, 젊은 나이에 시작했다.

젊으니까 돈이 들지 않았다. 미혼 총각은 쓸 돈도 없었지만 딱히 쓸 데도 없었다. 아침에 버스비와 김밥 값만 들고 나오면 하루를 버틸 수 있었다. 사업을 시작하고 2년 동안 혼자서 일했는데, 그때는 점심시간에 식당을 가기도 부끄러워 김밥 한 줄로 점심을 대신하곤 했다. 그렇게 2년간 모은 돈이 모두 시드머니가 되었다.

직원도 쓰지 않았다. 돈의 여유도 없었고 누굴 고용해서 쓸 정도로 일이 많지도 않아서다. 필자 혼자 미친 듯이 일하면 할 수 있는 정도의 양이었기 때문에 혼자서 다 해결했다. 젊어서 그랬는지 체력도 진짜 좋았다. 인천에서 새벽 첫차를 타고 6시에 사무실에 도착해서 밤 12시 막차를 타고 퇴근했으니 하루에 17시간 이상 일한 셈이다. 하도 이를 악물고 일해서 잇몸이 다 상할 정도였으니 필자가 보기에도 할 말 다 했다. 주말에 쉰 적도 거의 없었다. 지금은 그때보다 물리적인 업무시간이 줄었지만, 여하간 사업은 젊을 때 해야 한다는 생각이다.

그렇게 2년 정도 있다가 처음으로 직원을 채용했는데, 혼자 처리하는 습성이 몸에 배어서인지 직원한테 일을 시키지 않고 필자가 직접 처리하는 경우가 대부분이었다. 필자는 이것이 망하지 않은 핵심적 이유라고 생각한다. 그래도 사장이라며 폼을 잡거나 티를 내는 경우가 아주 없지는 않지만, 기본적으로는 사장이 얼마나 열심히 일하느냐가 사업의 성패를 가른다고 믿는 것이다. 사장의 인건비는 제로이기 때문에 일을 더 많이 할수록 사업 측면에서 너무나 건강한 수익원이 되는 것이다.

하루라도 일찍 시작하라

만약 회사에서 부장이나 임원까지 달고 난 다음 사업을 시작한다면 어떨까? 필자처럼 혼자서 김밥을 먹을 수 있을까? 한 평 정도의 공간에서 일할 수 있을까? 모든 일을 처음부터 끝까지 다 해낼 수 있을까? 쉽지 않을 것이다. 하지만 멋진 사무실에 직원도 있어야겠고 폼도 잡아야겠다고 생각하면 사업은 출발도 못했는데 퇴직금은 탕진되어 있을 것이다.

필자는 아예 그런 걸 모르고 시작해서 버틴 것이다. 운도 비교적 좋았고, 좋은 사람들의 도움도 받았고, 보석 같은 직원들을 만나서 망하지 않을 수 있었지만, 종합해서 보면 젊을 때 시작한 것이 가장 큰 요인이었다.

일반적으로 사업하기에 좋은 때란 없고, 사업하기에 좋은 아이템이란 것도 없다. 사업하는 데 많은 자금이 필요한 것도 아니다. 왜냐하면 돈이 많으면 불필요하게 더 쓰기 때문이다. 하지만 사업의 실패 확률을 줄이는 최선의 길은 분명 있다. 지금 바로, 하루라도 젊을 때, 없는 돈으로 시작하는 것이다.

필자의 결론은 고정비를 줄이라는 것이다. 그리고 고정비를 줄이려면 하루라도 젊을 때 시작해야 한다는 것이다. 그러니 고민만 하다가, 주저하다가 꿈을 저버리지 말고 도전해보기 바란다. 시작이 어렵다고 하지만 사실 시작이 제일 쉽다. 마음만 먹으면 되기 때문이다. 일단 시작하면 어찌어찌 일이 굴러가고, 드는 돈이 적으면 쉽게 망하지도 않는다. 그러니 사업을 하고 싶은 꿈이 있다면 너무 걱정하지 말고 지금 바로 시작하라.

7장

헤드헌터의 삶,
헤드헌팅의 미래

연봉 1억 헤드헌터가 1년 만에 망한 까닭

필자는 헤드헌팅 업계에 대한 애정이 많은 사람이다. 양질의 헤드헌팅사와 헤드헌터가 고객사와 후보자를 매개하고 연결하여 20살까지의 성과랄 수 있는 학벌과 같은 한시적 지표에 너무 구애받지 않고 능력이 있으면 누구나 기회를 얻고 고연봉을 받으면서 살아가는 세상을 만들고픈 생각이 간절하다. 그러나 현실은 아직 필자의 간절한 생각과 거리가 멀다.

헤드헌팅 업계도 그렇다. 헤드헌팅은 진입 장벽이 낮아서 누구나 언제든 할 수 있는 일이다. 그리고 어느 정도 하면 고수익을 낼 수 있는 직업이기도 하다. 그래서 많은 사람들이 쉬이 헤드헌팅 업계로 입문한다. 회사 다니다가 전직하려는 사람, 은퇴하고 새로운 일을 시작하려는 사람, 멀끔하게 하고 다니는 헤드헌터를 보고 혹해서 시작하는 사람까지 경로도 다양하다. 하지만 그들 중 상당수가 1년을 버티지 못하고 떠난다. 주변에 연봉 1억이라고 자랑하며 다니다가 결국 1년이 못 되어 망하는 것이 헤드헌팅 업계의 현실이다.

헤드헌터는 고수익이네, 일이 자유롭네 하면서 사람들을 유혹하지만 오해가 많은 직업이다. 준비 없이 무턱대고 시작했다가는 퇴직금 날리고 주변 사람들을 다 잃는 결과가 발생하기 십상이다. 뭘 좀 알고 시작해야 한다. 실패를 줄일 수 있었으면 좋겠다는 마음으로 '헤드헌팅에 대한 오해', 콕 집어 말하면 '연봉이 1억이라던 헤드헌터가 1년 만에 망한 이유'를 알려주려고 한다.

첫째, 누구나 할 수 있다는 것의 문제

누구나 할 수 있다는 이 말은 분명 맞는 말인데, 다른 측면을 보자면 누구나 할 수 있지만 잘하긴 어렵다는 얘기도 된다. 더구나 누구나 할 수 있다는 말은 자격증이니 뭐니 하는 요건이 없어서 그만큼 경쟁이 치열하다는 말이라고 생각하면 된다. 그러니 1년 이상 버티기도 어렵다는 현실을 이해하기 어렵지 않다.

착각과 현실의 차이

둘째, 1억쯤 벌 수 있을 것이다?

헤드헌터를 하면 연 1억쯤 벌 수 있다고 알고 있는 사람들이 많다. 좀 더 정확히 말하면, 수입이 연 1억이 될 거라고 순간순간 착각하기 좋은 직업이 헤드헌터다. 결론부터 말하면, 헤드헌터 초짜가 연봉 1억을 벌기란 불가능에 가깝다. 1억을 벌 수 있으려면 어느 정도 해야 하는지 계산해보면 답이 나온다.

이걸 설명하려면 헤드헌팅의 수익구조를 알아야 한다. 해당 산업에 따라 다르긴 하지만, 보통 헤드헌팅사의 성공수수료는 15~20% 정도다. 정규직 헤드헌터는 이 수수료 중에서 10~30%를 가져가고, 성과가 좋을수록 높은 수수료를 취한다. 그런가 하면 프리랜서 헤드헌터는 60~80% 정도 가져간다. 어떤 곳에서는 잘하는 프리랜서 헤드헌터에게 90%를 준다고도 하는데, 사업하는 사람이 보기에 이해가 안 되는 분배율이다.

그러면 기본급이 5,000만 원인 후보자를 고객사에 취업시키는 데 성공했다고 치자. 그러면 헤드헌팅사는 20% 성공수수료로 계산했을 때 1,000만 원을 받게 된다. 여기서 헤드헌터가 받아갈 돈을 분배율대로 계산하면, 정규직 헤드헌터는 100에서 300만 원이 되고, 프리랜서 헤드헌터는 600에서 800만 원일 것이다. 이런 비율로 연봉 1억을 만들려면 몇 건이나 성공을 시켜야 할까?

'어라? 그럼 프리랜서는 연봉 7,000짜리 10건 정도만 성사시키면 얼추 1년에 1억 가까이 버는 거 아닌가?'라고 생각하는 이들이 있을 것이다. 그렇지 않다. 헤드헌터 커리어를 프리랜서로 시작한다고 해도 10케이스는커녕 5케이스도 하기 어렵다. 왜 어려운지는 이어지는 설명을 따라가다 보면 알 수 있을 것이다.

헤드헌팅에 입문하여 어쩌다가 한 케이스를 성공시켰다고 치자. 5

개월간 소득 없이 지내다가 입금이 되었는데, 1,000만 원이 찍혀 있다. 그러면 그는 그동안 못 번 돈은 생각도 안 하고 그때부터 “나 한 달에 1,000만 원 정도 벌어”라고 말하고 다닌다. 이때부터 본인은 연봉이 1억이 넘는 사람이라고 스스로 착각하기 시작한다. 그러다가 한 3개월을 소득 없이 지내고, 그다음에 1,000만 원을 번다. 사실 이 정도만 해도 잘하는 편이다. 이렇게 하면 첫해에 3,000만 원 정도 벌 텐데, 그래도 어디 가서는 “나 헤드헌터 하면서 1억 번다”고 얘기하는 게 보통 사람의 생리다. 그래서 결국엔 빛 좋은 개살구가 된다.

소개도 한두 번이지…

셋째, 후배에 대한 지나친 기대

함께 근무했던 회사의 인사팀 후배한테 이야기해서 영업하고 추천하면 될 줄 안다. 헤드헌팅을 해보겠다고 하는 사람들은 대부분 회사에서 나올 때 본인이 재직했던 회사를 상대로 영업해서 추천하면 될 거라고 생각한다. 하지만 그렇게 되지 않는다. 퇴사하자마자 친하던 후배가 순식간에 갑이 되어 본인을 을로 대하는 상황이 발생하게 된다. 본인은 그간 친하게 지냈으니 잘해줄 거라고 기대하겠지만 입장을 바꿔서 생각해보라. 내 선배가 퇴사한 후에 “야, 채용 있으면 줘봐. 내가 사람 좀 추천할게”라면서 이력서도 대충 보내고 별다른 설명도 없이 계속 전화해서 귀찮게 굴면 어떨까? 안 그래도 이미 회사와 잘 지내는 실력 있는 헤드헌터가 있는데 말이다. 그간의 정을 봐서 한두 건 정도는 채용 정보를 공유하겠지만, 결국에는 의만 상하는 꼴이 되기 쉬우므로 애초에 회사 후배 괴롭힐 생각은 하지 않는 것이 상책이다.

넷째, 사람들이 만나줄 거라는 착각

헤드헌터가 되면 사람들이 잘 만나줄 거라 생각하고, 내 인맥 정도면 뭐가 될 것으로 안다. 착각이다. 참 딱한 게 이런 경우다. 본인이 회사에 다닐 때는 사람들이 잘 만나줬을지 몰라도 헤드헌팅 일을 시작했다고 하면 태도가 싹 달라진다. 만나려는 목적이 뻔하니까. 일부 몇몇 착한 이들은 한두 번 만나주겠지만, 점점 본인을 기피할 것이다. 그러니 착각하지 말고 처음부터 지인들은 모두 본인을 피할 거라고 생각하는 것이 마음 편할 것이다.

인맥도 마찬가지다. 정작 일을 시작하면 직접적인 도움을 줄 만한 인맥은 10명도 안 될 것이다. 10명만 돼도 아주 많은 것이다. 그런데 헤드헌팅을 제대로 하려면 해당 업계의 인맥이 100명이라도 부족하다. 그러니 회사 다니면서 쌓은 인맥을 대단하다 여기지 말고, 아예 인맥이 없다 생각하고 새로 만들어나가야 한다. 그때 비로소 일이 이루어질 것이다.

다섯째, 프리랜서에 대한 환상

프리랜서는 수수료가 많으니까 훨씬 더 좋은 줄 안다. 실제는 어떨까?

어느 업계나 경력과 실력을 쌓은 다음에 자신의 업체를 차리거나 프리랜서로 활동할 수 있는 법이지 그냥 시작한다고 해서 잘할 수 있는 일은 없다. 엄정한 자격증 시험이나 교과과정이 있는 변호사나 의사도 곧바로 개업하지 못하고 월급쟁이로 시작하는 것이 보통이다. 그런데도 헤드헌터 일은 배우지 않아도 그냥 잘할 수 있다고 생각한다. 그런 확신은 어디서 나온 걸까?

프리랜서는 말 그대로 기본급 없이 수수료만 받는 사람이다. 적어도 10여 년간 조직의 속박 속에 살다가 독립한 그들은 잠시 자유로움을 느끼기도 하지만, 곧 소속 없는 미아 같은 느낌을 받게 된다. 규칙적인 생활리듬이 깨져 점심때 출근하는 모습을 보게 되고, 매달 들어오던 돈이 안 들어오기 시작하면 엄청난 불안감과 싸워야 한다. 누군가의 관리나 교육 없이 방치된 상태에 놓이는 것인데, 배움도 경험도 없는 초보에겐 더더욱 견디기 힘든 상황이다. 나를 관리해주고 교육해주는 곳에서 일을 시작해야 한다는 점을 명심해야 한다.

여섯째, 일이 자유롭고 여유 있다?

헤드헌터가 되면 근무시간이 자유롭고 사람들을 만나 여유 있게 대화하면서 일할 수 있는 줄 안다. 현실을 모르는 것이다. 만약 프리랜서로 시작한다면 그럴 수도 있을 것이다. 왜냐하면 보통은 할 일이 없을 테니 말이다. 그래서 무슨 일부터 해야 할지 몰라 일단 사람들부터 만나고 다니게 된다. 지인들을 쫓아다니면서 사람을 소개받고 일도 받으려고 할 것이다. 그런데 이것이 일견 자유로워 보일지 몰라도 실은 이리저리 기웃거리는 것이다. 영업이라 생각하고 여기저기 돌아다니며

이 사람 저 사람 만나고 다니지만, 실제로 보면 영업이 아니라 구걸에 가까운 것이다. 제대로 영업을 하려면 먼저 제대로 배워야 한다.

일곱째, 아는 것과 전문성의 차이

이 업계에 제법 있었으니 스스로 전문성이 있다고 생각한다. 일도 하고 사람들도 알고 있으니 뭘 좀 안다고 생각하지만, 채용은 아는 것만으로는 부족하다. 같은 산업이라고 해도 기업 각각의 조직문화와 채용 성향이 다르고, 엄청나게 많은 변수에 대응해야 하는 전문적인 일이다. 재직한 회사는 잘 알고 있을지 모르지만, 업계의 채용 전문가가 되기에 충분하다고 '야무지게' 착각하고 떠벌리고 다니면 무시당하기 십상이다. 항상 배우는 자세로 사람들을 만나야 한다.

여덟째, 헤드헌팅이 별거야?

회사에 있을 때 채용 소개를 요청받아 아는 사람을 소개했더니 몇몇 건이 그대로 진행된 경험을 가진 사람들은 헤드헌팅이 별것 아니라고 생각하게 된다. 내가 소개해서 어느 회사에 입사하는 모습을 봤으니 우습게 여기는 것이다. 실제로 그런 사람이 많다.

그러나 이걸 알아야 한다. 본인에게 소개를 요청한 헤드헌터는 적임자를 소개받기 위해 수십 수백 명에게 연락을 했다는 사실을 말이다. 그리고 좋은 마음으로 덕을 쌓듯이 하는 일은 생각보다 결과가 좋기 마련이다. 반면에 돈 벌려고 하는 일, 업으로 하는 일은 생각보다 훨씬 어렵다. 업이 되는 그 순간부터는 운이 아니라 실력으로 해야 한다는 것을 명심해야 한다.

한 푼도 벌지 못하는 기간이 있다

아홉째, 4개월은 무일푼이라는 사실을 모른다.

아주 현실적이고 중요한 문제인데, 헤드헌터가 되고 싶다면 이걸 꼭 알아야 한다. 바로 지금 일을 시작해도 최소 4개월 동안은 한 푼도 벌지 못한다는 사실이다. 아마도 퇴직금을 쓰게 될 것이다. 그런데 왜 4개월일까?

경험이 없어 일을 못해서가 아니다. 운이 억세게 좋은 경우라도 과정상 그 정도의 시간은 걸린다. 헤드헌팅 영업을 시작했는데 운이 너무 좋아 시작하자마자 오더를 따냈다고 치자. 그러면 사람을 찾아야 한다. 그런데 이번에도 너무 운이 좋아 경쟁력 있는 인재를 금방 찾게 되었다. 그렇게 해서 곧바로 서류를 제출하고 채용 절차가 시작되면 결정이 나기까지 보통 한 달이 걸리는데, 또 운 좋게 내가 추천한 사람이 최종 합격을 했다. 그러면 이직 확정 후 입사까지 이전 회사에 대한 4주의 고지기간을 거쳐 다시 한 달이 소요된다. 일을 시작해서 오더도 바로 따내고 사람도 바로 찾고 순탄하게 최종 합격을 하는, 말도 안 될 만큼 운이 좋게 진행된다 해도 출근까지 최소 2개월이 걸린다.

여기서 채용사가 바로 돈을 주느냐 하면 그렇지 않다. 합격자가 입사한 후에 회사 내부의 지급 날짜에 맞춰 주는데, 그때까지 15일에서 30일이 소요된다. 그러니까 헤드헌팅사가 채용사로부터 돈을 받기까지 3개월이 걸린다. 그런데 본인이 소속되었거나 거래한 회사에서 입금이 되자마자 바로 돈을 주는 것이 아니다. 입금 후 다음 달 지급이 일반적이므로 한 달이 더 걸리게 된다. 말이 안 될 정도로 운이 좋은 경우에도 이처럼 첫 수입을 볼 때까지 4개월이 걸리는 것이다.

그러므로 시작해서 최소 4개월간은 수입이 없다는 것을 알고 마음의 준비를 해야 한다.

이와 같은 이야기를 하는 것은 헤드헌터 일을 하지 말라는 것이 아니라 일을 시작하려면 그전에 준비도 하고 배우기도 하라는 것이다. 어디서 헤드헌팅 일이 고수익이고 자유롭다는 소리만 듣고 뛰어들어서는 안 되며, 본인의 인맥이나 경력만 믿고 업계에서 도와주겠지 기대해서도 안 된다. 그간의 인연으로 한두 케이스 정도는 진행할 수 있을지 모르나 그 이상은 턱도 없다. 세상에 편하게 돈 잘 버는 일은 절대 없다는 점을 상기해야 한다.

헤드헌팅은 후보자와 고객사 모두를 설득해서 합의에 이르게 하는 일이다. 생각보다 잘하기가 어렵다. 그럼에도 헤드헌팅 일을 하고 싶다면 이어지는 내용이 큰 도움이 될 것이다.

성공으로 가는 헤드헌팅의 정석

필자는 헤드헌팅을 10년 넘게 해오고 있다. 지금도 본인만의 고객사를 유지하면서 컨설턴트로서 실무를 직접 챙기고 있다. 업계가 많이 어렵다고 하지만, 필자가 운영하는 회사는 조금씩이라도 성장하며 발전하고 있다. 다들 어려운데 왜 우리 회사만 잘되고 있을까 생각해보면, 그래도 우리가 기본을 지키며 제대로 헤드헌팅을 해온 덕분인 듯하다.

모든 사업이 그렇지만, 가장 큰 문제는 기본이 뭔지, 제대로 일하는 게 뭔지 모르는 경우다. 기본을 모르니 기본이 없는 게 당연하다. 그래서 알려주려고 한다. 기본만 하면 그래도 뭔가 된다는 것을 알 수 있도록 헤드헌팅 업무의 정석을 과정별로 안내하려고 한다. 필자가 운영하는 회사에서 쓰고 있는 '프로세스 체크리스트'를 오픈하겠다는 것이다.

준비: 이게 안 되면 시작도 하지 마라

먼저 법적인 부분부터 알아보자. 앞서 4장에서 헤드헌팅사를 분별하는 법을 소개할 때 이야기했지만, 헤드헌팅사는 반드시 관할구청에 '유료직업소개사업'으로 등록되어 있어야 한다. 또한 헤드헌팅사의 직원인 헤드헌터도 구청에 직업상담원(종사자)으로 등록되어 있어야 한다. 헤드헌팅사 홈페이지에서 하단에 유료직업소개사업 등록번호가 있는지 꼭 확인해보기 바란다. 직업정보제공업 등록번호도 확인할 필요가 있다. 유료직업소개사업을 하면서 온라인에 채용공고를 하려면 직업정보제공업 등록번호가 필요하므로 2가지 모두 있어야 한다.

본인이 상대하는 헤드헌팅사가 유료직업소개사업 등록이 되어 있지 있다면 무조건 불법이다. 이해하기 어렵지만, 그런데도 많은 이들이 이것조차 모르고 헤드헌팅사를 차려 불법으로 운영하고 있다. 물론 그런 회사를 다니는 이들도 불법이다. 그러므로 헤드헌팅을 하려면 제일 먼저 2가지 조건부터 갖추어야 한다. 혹 등록번호도 없이 불법으로 운영하는 헤드헌팅사가 있다면 구청에 민원을 넣어 신고해야 한다. 현재 채용을 진행 중이거나 그런 회사에서 근무하고 있다면 즉시 민원을 넣어 불법업체가 헤드헌팅을 하고 있다고 알려야 한다.

불법은 아니지만 기본이 안 되어 있는 회사들도 있다. 회사에 도메인이 없어 네이버메일이나 지메일 계정으로 헤드헌팅 일을 하거나, 자체 홈페이지도 없이 회사를 운영한다. 아무런 투자도 하지 않거나, 1년에 몇 만 원 하는 도메인 등록할 돈도 없거나, 대표가 무지하거나 셋

중 하나이므로 걸러야 한다.

사무실이 없는 것도 큰 문제다. 주소는 있는데 실재하지 않는 가상의 오피스만 있는 회사는 실체가 없는 것과 다름없다. 그런 곳에서 무슨 헤드헌팅을 하겠는가.

현재 헤드헌터로 일하는 이들이나 준비 중인 이들은 기본을 잊지 말아야 한다. 아무리 헤드헌팅이 누구나 할 수 있는 일이라 해도 기본은 반드시 갖추어야 한다. 사무실, 홈페이지, 팩스, 전화 같은 기본도 없이 고객사 영업을 하고 후보자들을 만나는 것은 사기에 가까운 일이다. 그런 곳에서 명함을 발급하고 네이버나 지메일 계정을 써서 상무니 이사니 직함을 달고 다니는 것은 우스운 일이다.

또 다른 기본은 후보자를 만나는 것이다. 최근에 겪는 황당한 일 중 하나는 후보자들에게 미팅 요청을 했을 때 "왜 만나자고 하는 거죠?"라고 물어보는 경우다. 그래서 "아니, 만나보지 않고 어떻게 고객사에 추천을 하죠?"라고 하면 "이력서에 다 나와 있는데, 만나자고 하시는 진짜 저의가 뭐예요? 이직하면서 만나자고 하는 헤드헌터는 못 봤는데…"라고 대꾸한다. 아직도 후보자를 만나지도 않고 추천하는 헤드헌터가 있다는 사실이 놀랍기만 하다. 요즘에는 코로나를 핑계로 만나지 않는 것이 정상인 양 생각하는 헤드헌터가 많아진 듯 보이는데, 만남을 기본으로 추천하는 필자가 이상한 사람인 것 같은 느낌마저 든다.

만나기는커녕 심지어 통화도 없이 이메일로만 제안하고 추천하는 헤드헌터, 후보자 동의도 없이 채용포털에 이력서를 올리는 헤드헌터, 채용사에서 면접을 보자고 하면 그때서야 연락해서 후보자에게 제안하는 헤드헌터, 잡포털의 이력서를 그대로 캡처해서 추천하는 헤드헌터까지 있다. 불법은 아니라고 해도 기본이 없는 헤드헌터는 헤드헌터라고 할 수 없다.

여기까지가 필자가 생각하는 헤드헌터의 기본이다. 헤드헌터는 한 사람의 경력을 책임지는 사람이다. 돈만 보고 잘못 추천하면 한 후보자의 경력은 물론 인생 자체가 잘못될 수 있다. 다른 직업도 그렇지만 직업윤리와 책임의식이 특별히 중요한 일이다. 헤드헌터는 개인을 위해 경력상의 문제를 해결해주고, 더 건강하게 발전시켜주는 일을 하는 사람이고, 기업에는 성과를 좌지우지할 인재를 공급하는 일을 하는 사람이다. 막중한 책임감이 필요하다. 그래서 성공은 둘째 치고 헤드헌터로서 부끄럽지 않으려면, '얼마나 많이 벌까?'를 생각하기 전에 사람과 기업을 위하는 마음가짐이 전제되어야 하고, '얼마나 많이 아는가?'보다는 도움이 필요한 후보자들에게 다가가는 태도가 우선시되어야 한다. '나는 후보자의 이력을 개선해주고, 좋은 기회를 연결해주고, 인생을 건강하게 만들어주는 의사이자 교사다. 채용에 대해서는 기업의 인사담당자들보다 훨씬 뛰어난 컨설턴트다'라는 직업의식을 가져야 한다.

내게 돈을 벌어주는 존재가 후보자이고 고객사다. 헤드헌터라면 그들한테 뭘 줄 수 있을지, 어떤 정성을 쏟아야 할지를 늘 생각해야 한다. 이에 대해서는 일체의 관심도 없고 어떻게 하면 편하게 일하고 수수료를 몇 %라도 더 받을까만 고민하는 이들은 헤드헌터라는 명함조차 들고 다닐 자격이 없는 것이다.

영업: 100번 거절당해도 5년을 바라보라

기본을 갖추었다면 이제는 영업, 즉 고객사를 유치하는 방법을 알아보기로 한다.

첫째, 100번을 거절당해도 끝까지 하겠다는 마음가짐이 중요하다.

영업을 하기에 앞서 마음을 굳게 먹어야 한다. 왜냐하면 100번 이상 거절당할 게 뻔하니 말이다. 계속해서 머쓱하고 무안한 상황에 처하게 될 것이다. 그러니까 거절을 당연하게 받아들이고 그때마다 용기를 내야 한다.

둘째, 잘할 수 있는 타깃을 설정한다.

그냥 되는 대로 일을 주면 다 하겠다는 식의 접근은 본인 스스로 헤드헌터로서의 수명을 깎아먹는 짓이다. 반드시 타깃 산업군을 설정해서 접근해야 어중이떠중이가 되지 않는다.

셋째, 타깃에 맞는 회사소개서를 준비한다.

헤드헌팅사에 가면 대부분 회사소개서를 구비하고 있다. '몇십만 DB의 전문성을 갖춘 어쩌고저쩌고…' 하는 내용의 홍보물이다. 그러나 기업들에선 거의 거들떠보지도 않는다. 헤드헌팅사로서 내세울 만한 강점과 담당 컨설턴트로서 강조할 장점을 중심으로 심플하게 만들어야 한다. 멋을 부려 채운 듯한 초등학교 과제물 수준의 PPT가 아니라 타깃한 고객사에서 정말로 솔깃할 만한 내용으로 구성해야 한다. 회사소개서 하나 근사하게 만들지 못하면서 헤드헌터로 성공하기를 기대해선 안 된다.

불필요한 내용으로 꽉 채운 10, 20장의 PPT보다 한눈에 확 들어오는 1, 2장의 회사소개서가 훨씬 더 효과적이다. 어차피 인사담당자들은 회사소개서를 잘 열어보지 않지만, 잠깐이라도 봤을 때 눈에 확 띌 수 있도록 키워드와 이미지를 전략적으로 배치해야 한다. 고객사의 필요에 맞는 자료를 준비해야 승산이 있다.

넷째, 상황별 통화 스크립트를 준비한다

채용이 다급한데도 고객사가 본인에게 채용을 의뢰하지 않는 이유가 뭘까? 고객사가 원하는 답을 주지 않았기 때문이다. 내용도 흥미도 없는 PPT를 휙 던져놓고는 전화해서 어느 회사의 상무 출신이라는 둥, 누구를 잘 알고 있다는 둥 불필요한 말들을 느릿느릿 늘어놓는다면 누구라도 짜증이 나지 않을 수 없다. 허세를 부려도 내용이 없으면 들통이 나게 마련이므로 고객사에 맞게 상황별로 통화 스크립트를 준비해서 담당자에게 전화해야 한다.

다섯째, 이사나 상무 타이틀은 필요 없다.

많은 헤드헌터들이 본인 마음대로 명함에 이사, 상무, 전무, 부사장, 대표, 컨설턴트 등의 직함을 넣고 다닌다. 하지만 아무런 감흥도 주지 못한다. 멋도 없고 영업에도 도움이 되지 않는 빈껍데기일 뿐이다. 팀장 정도의 타이틀이 적당하다. 쓸데없는 데 힘줄 필요가 없다.

헤드헌터가 상대하게 되는 고객사 인사담당자들은 대부분이 30대다. 우선은 그들과 소통하는 데 주력해야 한다. 인사팀의 대리나 과장한테 전화하면서 어느 서치펌의 상무네 이사네 한다면 그들이 본인과 통화하고 싶겠는가?

여섯째, 영업은 담당자에게 직접 한다.

회사에서 대표나 임원을 통해 어떤 오더가 내려오면 담당자가 싫어한다. 일하기가 불편하기 때문이다. 인사담당자도 마찬가지다. 본인이 편한 헤드헌터랑 일하고 싶지 대표가 아는 사람이나 임원의 친구 같은 상전하고 일하기란 매우 거북한 일이다.

영업 방법도 생각해봐야 한다. 1980~1990년대생 인사담당자한테 부모 세대에서나 통하던 방법으로 막 들이대며 무조건 만나자, 오더를 달라고 하면 어떻겠는가? 마지못해 일을 줄 것 같은가? 천만의 말씀이다. 이제는 그런 식이 통하지 않는다. 예전에 먹혔던 방법, 누구의 인맥으로 들어가는 방식으로는 절대 성과를 낼 수 없다.

영업은 실무 담당자를 대상으로 직접 해야 한다. 그리고 담당자가 선호할 만한 비즈니스 매너부터 갖춰야 한다. 이력서를 보낼 때는 반드시 사전에 양해를 구해야 한다. 고객사도 아닌데 공고를 보고 이력서부터 쏘는 방식으로 영업하는 이들이 있는데, 부득이한 경우라도 먼저 연락을 취해 허락을 받고 나서 이력서를 보내는 게 좋다. 그 정도의 매너도 지키지 않는 헤드헌터는 그냥 무식하게 들이미는 사람 취급을 받게 되고, 향후의 관계를 좋게 가져갈 수 없다.

다시 정리하면, 헤드헌팅 영업은 마음을 단단히 먹고, 충분히 준비해야 하며, 일에 불필요한 멋을 부리지 말고, 직접 실무자를 통해 접근해야 한다는 것이다.

고객사는 한번 인연이 맺어지면 5년 넘게 거래하기도 한다. 그런 고객사를 통해 정말 많은 채용이 일어나고, 헤드헌터도 성장하게 된다. 그러니 영업을 할 때는 전략 없이 무데뽀로 접근하지 말고 위의 내용을 참고하고 실천해서 정말로 좋은 고객사를 만나길 바란다.

미팅: 무엇을 준비하고 어떻게 말할까?

영업을 통해 고객사를 확보하는 데 성공했다고 하자. 그러면 고객사 미팅은 어떻게 해야 할까? 무엇을 준비하고 어떤 이야기를 하는 것이 좋을까?

고객사 미팅은 헤드헌팅 업무에서 기본 중 기본으로 오더를 받았거나 받을 예정일 때 담당자와 만나 필요한 이야기를 나누는 것이다. 따라서 미리 준비해야 할 것들이 있다.

먼저 복장이다. 앞에서 누누이 강조했지만, 복장은 첫인상을 결정하는 가장 중요한 요소이므로 잘 챙겨야 한다. 간혹 필자를 찾아오는 헤드헌터들이 있는데, 처음부터 좋지 않은 인상을 줄 때가 있다. 본인들이 필요해서 도움을 요청하러 왔으면서 어찌나 후줄근하게 입고 오는

지 내심 당혹하게 만든다. 본인은 세미캐주얼이라고 하겠지만, 보는 사람이 후줄근하다고 느끼면 그건 복장불량이다.

본인의 패션감각이 아주 뛰어난 정도가 아니라면 정장에 넥타이를 매는 게 좋다. 머리도 이마가 드러나도록 뒤로 넘긴다. 컨설턴트라는 직함을 들었을 때 사람들이 떠올리는 보편적인 인상에 맞게 몸차림을 하는 것이다. 명함에는 컨설턴트라고 되어 있는데 후줄근하게 하고 다니면 능력 없는 티, 돈 못 버는 티를 내게 된다. 복장에 보다 신경을 써야 한다. 세상의 편견에 맞서 싸우고 싶다는 거창한 생각으로 그렇게 입고 다니는 것이라면 헤드헌터로서는 부적격이다. 여기서 분명히 인지해야 하는 것이 헤드헌터는 아무리 능력이 있어도 '을'이라는 사실이다. 세미캐주얼은 '갑'의 복장이다. 헤드헌터에게는 정장이 정상이고, 정장이 헤드헌터의 전투복이다.

다음으로 고객사 담당자를 만나기 전에 준비해야 할 사항들을 알아보자. 먼저 고객사에 대해 충분한 자료조사를 해야 한다. 단순히 웹사이트만 주욱 훑어보는 초등학생 수준으로는 안 된다. 고객사가 채용사이트들에서 최근 1년간 어떤 채용을 진행했는지 파악하고, 회사의 어떤 상황에서 이루어졌는지 유추할 수 있어야 한다. 또한 링크드인을 통해서 재직 중인 구성원들의 학력, 어학 능력, 직급별 연령대, 이전의 재직 회사, 최근 입사한 직원들을 면밀하게 살펴보고 머릿속에 넣고 가야 한다. 이 정도는 되어야 제대로 된 자료조사라고 할 수 있다.

고객사 담당자를 만나서 보여줘야 할 나의 모습도 기억해두어야 한다. '나는 이 산업군 내의 채용 전문가이고, 담당자가 지금 당장 어떤 포지션에 적합한 인재가 필요하다고 하면 즉시 후보자 둘 셋 정도는 추천할 수 있다'는 역량을 보여주어야 한다. 허장성세로 이미지 메이킹하는 게 아니라 역량에 기반한 자신감을 표현할 수 있어야 한다. 실제로 그 자리에서 2명 이상 떠오르지 않는다면 충분한 준비라고 말할 수 없다.

또한 '너희가 왜 나한테 채용을 줘야 하고, 나와 거래해야 하는가?'를 설득력 있게 설명할 수 있어야 한다. 그간의 채용 경험, 성공 케이스, 추천 조건과 스타일 등을 알리고 다른 사항들은 고객사의 사정에 맞출 수 있다는 점을 확실히 어필해야 한다.

또 한 가지, 꼭 말하고 싶은 것이 있다. 수수료를 깎으면서 어필하지 말라는 것이다. 일이 없고 다급해서 채용 수수료율을 낮추는 방식으로 어필하는 헤드헌터들이 있는데, 사실 말이 안 되는 것이다. 돈을 많이 벌겠다면서 수수료를 깎는 것은 앞뒤 모순일뿐더러 헤드헌터로서의 수명을 줄이는 행위와 다름없다. 500만 원짜리 일과 100만 원짜리 일이 있다면 500만 원짜리 일에 더 집중하는 것이 인간의 생리다. 고객사들도 이러한 점을 뻔히 알고 있다. 수수료를 깎는 이들은 그래서 장기적인 신뢰관계를 형성하지 못하고 경쟁력도 점점 약해진다. 다시 말하지만 수수료는 반드시 정해진 대로 받아야 한다. 이게 바로 전문가, 프로의 자세다.

고객사 미팅에서 딱히 할 말이 없어 어색한 침묵이 흐를 때는 회사 분위기나 조직 구성, 채용 시 특별히 중시하는 요소 같은 것들을 물어보는 것이 좋다. 괜히 회사 내 누구를 알고 있네, 그 사람이 어떠네 하며 불필요한 이야기를 하기보다 언제나 겸허하게 배우고 흡수할 자세가 되어 있다는 점을 보여주는 것이 낫다.

고객사 미팅은 잡담하고 친목을 다지는 자리가 아니라 채용을 잘하기 위한 만남이다. 무엇보다 본인이 회사의 채용을 성공적으로 해낼 수 있는 사람임을 충분히 어필하는 자리가 되어야 한다. 담당자와 친해지는 것이 아니라 담당자의 성향과 요구 조건을 파악하여 후보자 추천과 채용 과정에서 고객사와 담당자를 편하게 만족스럽게 해줄 수 있는 부분을 찾아낼 기회로 삼아야 한다.

정리하면 이렇다. 복장을 말끔히 갖추고, 충분히 자료조사하고, 본인과 손을 잡아야 하는 이유를 적극적으로 어필하라는 것이다. 고객사는 헤드헌터의 갑이고 헤드헌터를 먹여 살리는 신과 같은 존재이므로 친해지려 하지 말고 원하는 것을 정확히 파악해야 한다. 수수료를 깎으면서까지 수주하려 하지 말고, 본인의 경쟁력으로 프로답게 일을 따내야 한다.

헤드헌터의 소망 그리고 다짐

헤드헌팅 업무로 10년을 넘게 보냈다. 그 10년의 시간은 개인적으로도 큰 의미가 있는 시간이었다. 한 평도 안 되는 사무실에서 시작하여 지금의 쾌적한 환경을 만들어온 시간이었기 때문이다.

헤드헌터를 꿈꾸는 그대에게

필자는 헤드헌터가 직업으로서 아주 좋다고 생각한다. 가장 큰 장점은 어느 정도 업력만 쌓이면 오래 할 수 있다는 것이다. 또한 역량이 된다면 재택근무도 유연하게 할 수 있다. 아이를 키우면서 짬짬이 일하는 이들도 많다. 단, 쉽게 할 수는 없다. 일할 때는 고도의 집중력이 필요해서 숙련되었다고 해도 설렁설렁 할 수 있는 일이 아니다. 여하간 전문직이고, 오래 할 수 있고, 장소와 시간에 큰 제약이 없고, 잘하면 수익도 크니 괜찮은 직업이다.

헤드헌터를 꿈꾸는 젊은이나 전직을 계획하는 이들이 알아야 할 부분이 있다. 헤드헌팅은 돈을 많이 버는 일은 맞지만, 2~3년 정도는 매우 어려울 수 있다. 어느 정도 업력이 쌓여야 괜찮은 직업이지 무조건 괜찮은 직업은 아니다. 하긴 세상에 시작부터 괜찮은 직업이 어디 있을까? 어느 유튜브를 보니 헤드헌터는 인센티브 받아서 해외여행을 다니고 자유롭게 놀면서 할 수 있다고 나오던데 실상과는 거리가 먼 이야기다. 보통의 헤드헌터들은 고객사 눈치가 보여서 휴가도 못 쓰고, 고객사가 퇴근하기 전엔 퇴근도 안 하며 살고 있다. 헤드헌터로 연 1억 원 넘게 벌고 싶다면 다른 직업군과 마찬가지로 주말이나 휴가, 이른 퇴근을 포기하고 살아야 한다.

헤드헌터의 길에서 쏘아올린 소망

필자가 헤드헌팅 일을 하면서 제일 힘들었던 점을 꼽아보라면 고객사 영업을 들 수 있다. 여기서 말하는 고객사 영업은 주문 하나를 따내는 게 아니라 4년에서 5년 정도 채용을 함께 하는 고객사를 만들어가는 과정을 일컫는다. 이런 고객사를 만드는 것이 제일 어려웠다. 주문 한두 건을 받아 성공시킨다고 되는 일이 아니라 여러 가지 조건이 맞아야 하기에 어려움이 여간 크지 않았다. 물론 유지하는 것도 쉬운 일은 아니지만, 일단 만들기만 하면 유지는 자동으로 되는 부분도 있고 해서 상대적으로 수월한 편이다.

또 하나 힘들었던 점은 열심히 노력한다고 성공이 보장되는 것은 아니라는 것이다. 갖가지 채용 변수 때문에 엄청 노력을 기울였더라도 안 되는 건 안 되었다. 정말로 어렵게 사람을 찾아 추천했는데 떨어지면 처음부터 다시 시작해야 하는데, 그럴 때 특히 힘이 들었다. 필자에게는 너무 익숙한 상황이지만, 시작한 지 얼마 안 된 이들은 정나미가 떨어질 정도로 허무할 수도 있다. 그래서 이 일은 그야말로 열심히 해야 하지만, 무조건 그냥 '잘해야' 한다. 남들보다 잘하지 않으면 버티기가 어렵다.

그래서 필자는 헤드헌터를 시작하려는 이들에게 단 6개월이라도 배우고 시작하라고 힘주어 조언한다. 특히 다른 일을 하다가 전직해서 헤드헌팅을 시작하는 이들에게는 더욱 강조한다. 이들 대부분이 고객사에서 오더 하나 덜렁 받아서 일을 시작하는데, 그러다 보니 오래 가지 못하고 살아남더라도 극심한 시행착오를 겪는 경우가 많기 때문이다. 오래도록 안정적으로 고수익을 내기 위해서는 당장의 수익에 급급하지 말고 공부하고 배워서 시작해야 한다.

필자는 헤매다가 나가떨어지는 사람의 모습을 적잖이 보았다. 그러면서도 꾸준히 이 일을 해오다 보니 필자를 신뢰하는 고객사를 여럿 두게 되었다. 어떤 일이든 오래 하면 좋은 일이 생기기 마련인데, 헤드헌터 일도 오래 하다 보면 시장에서 전문가 소리를 듣고, 사람들이 찾아주고, 채용을 의뢰해주는 고객사가 늘어난다. 그리고 좋은 사람을 많이 만날 수 있다. 필자는 이게 좋았다. 훌륭한 인재들을 만나 쌓은 좋은 인맥이야말로 헤드헌터로 일하면서 얻은 최고의 재산이다.

헤드헌터로서 보람 있는 순간들도 많았다. 가장 먼저, 고객사나 후보자에게 감사하다는 인사를 받을 때가 제일 좋았다. 그보다 더 짜릿한 순간도 있었는데, 필자가 채용을 도와준 이들이 승진했거나 임원이 되었다는 소식을 들을 때였다.

아쉬운 점은 이루지 못한 소망이다. 필자는 헤드헌팅산업의 발전을 위해 어떤 역할을 하고 싶다. 그런데 아직 그럴 만한 역량을 갖추지 못한 점이 아쉽다. 후배 헤드헌터들을 위한 교육과 코칭에 힘을 쓰고는 있지만, 좀 더 역량을 갖춰서 헤드헌팅산업 전체의 발전을 이끄는 역군이 되고 싶다.

그 날을 기다리며

우리 헤드헌팅 업계의 앞날은 과연 어떻게 될까? 확실히 알 수는 없지만, 우리의 노력 여하에 달려 있다고 생각한다. 필자가 처음 이 업계에 발을 들여놓은 10년 전만 해도 헤드헌팅은 유망 직종에 속했다. 지금도 가끔 헤드헌팅을 유망 직종으로 소개한 자료를 볼 수 있는데, 그걸 보면 '아직도?'란 생각이 든다. 현재의 우리 사회가 시기적으로 헤드헌팅산업의 발달을 필요로 하는 것은 맞는데, 시기상조로 봐야 하는지, 가능성이 희박하다고 봐야 하는지, 그렇다면 이후 10년은 어떻게 될지 장담할 수 없기 때문이다.

어떤 직업이든 유망 직종이 되려면 해당 산업의 인프라가 잘 구축

되고 수요도 커져야 한다. 그런 면에서 헤드헌팅은 어느 정도 자리를 잡았다고 볼 수 있는데, 헤드헌팅사업을 둘러싼 법률적 제도적인 부분들은 아직 갈 길이 먼 상황이다. 가령 공인중개사만 해도 국가자격증이 있고 대학에 학과도 있다. 헤드헌팅은 그렇지 않다. 그런 면에서 발전 가능성이 눈에 보이면 유망 직종이라고 확신할 수 있을 텐데, 현재로서는 판단이 서지 않는다. 어떨 때는 유망할 것 같기도 하고, 어떨 때는 이대로 정체될 것만 같다.

최근에 헤드헌팅협회가 곧 출범할 거라는 소식을 들었다. 아주 긍정적인 흐름으로 생각하고 좋은 결실이 있기를 간절히 바란다. 사실 헤드헌팅협회는 이미 존재하고 있지만, 유료직업소개사업이라는 큰 테두리 안에 있기 때문에 아웃소싱과 도급, 일용직 알선업체들까지 한데 묶여 있다. 그래서 협회가 주최하는 교육에 가면 일반적인 의미의 헤드헌팅, 즉 경력직 채용을 진행하는 서치펌에 대한 교육과정은 따로 없는 것이 현실이다. 또한 유료직업소개사업 관련 법규정과 행정 절차 역시 서치펌의 운영 현실과는 동떨어져 있다. 그러므로 서치펌 혹은 협의의 헤드헌팅에만 초점을 맞춘 협회의 필요성은 충분하다(관련 법규정과 행정 절차의 개정도 필요하다). 필자 역시 그 필요성을 절감하던 터라 여간 반가운 소식이 아닐 수 없다.

10년 넘게 헤드헌팅 업계에 종사한 사람으로서, 그리고 어떻게든 헤드헌팅 업계에 기여하고 싶은 사람으로서 헤드헌팅협회를 만드는 과업을 추진하고 있는 분들에게 드리고 싶은 말씀이 있다.

새롭게 만들어질 헤드헌팅협회는 헤드헌팅 사업주들을 위한 협회가 되어서는 안 된다. 의사협회가 병원장들을 위한 협회가 아니듯이, 헤드헌팅사 사장이나 대표의 이익만을 대변하는 협회가 아니라 헤드헌터들의 역량 발전과 권익 수호, 직업 안정을 위한 협회가 되어야 한다. 만약 협회가 헤드헌팅 사업주들의 사업상 편익과 권한을 위해 이용된다면 '헤드헌터 없는 헤드헌팅협회'가 될 것이고, 헤드헌팅 업계의 건강한 발전은 뒤로한 채 사업주들이 헤드헌터들을 옭아매는 수단으로 기능할 공산이 크다. 절대 그래선 안 된다. 헤드헌팅협회의 목적은 채용난과 구직난를 겪고 있는 기업들과 구직자들 사이에서 어떻게 하면 우리 헤드헌터들이 견고하고 건강한 다리가 될 수 있는가를 고민하고 실천하는 헤드헌팅 업계 본연의 역할에 충실해야 한다.

그러려면 유능한 헤드헌터 양성 방안은 물론 헤드헌팅 표준업무를 제시해야 하고, 헤드헌터들의 직업 안정을 위한 제도적·구조적 장치를 마련해야 한다. 더 구체적으로는 표준업무를 교육할 수 있는 계획을 수립하고, 교육할 장소를 제공하고, 교육받은 인원들이 헤드헌팅의 현장으로 연결되어 업무를 실행하고 수익을 낼 수 있는 여건을 마련해야 한다. 또한 헤드헌팅 업계와 대학을 연계하여 학과가 개설되도록 해야 하며, 헤드헌팅 업무에 대한 공인 자격 및 인증 제도 실시를 위한 추진안을 구체적으로 만들어야 한다.

그래야 헤드헌팅 업계에 훌륭한 인재들이 들어와 더 많이 활동하게 될 것이고, 기업과 후보자가 채용사이트와 애플리케이션을 접속하기에 앞서 뛰어난 헤드헌터를 찾고 모시기에 공을 들일 것이다. 그러면 채용시장에서 단순히 돈을 쫓는 양아치라는 소리도 더 이상 들리지 않게 될 것이다. 이것이 필자가 실현되기를 바라는 헤드헌팅 업계의 발전을 위한 첫걸음이다. 더 세부적인 룰은 그다음에 만들어도 될 것이다.

필자는 우리 헤드헌팅 업계의 발전을 위한 10년 목표를 세워놓고 있다. 앞으로 10년 안에 표준업무를 위한 교육과정 수립, 헤드헌팅학과 개설, 헤드헌팅 인증자격제도 실행을 목표로 열심히 뛰려고 한다. 그 일환으로 표준업무과정을 만들어 교육을 실시해보았고, 헤드헌팅학과 개설을 위해 지난 3년간 여러 대학들과 협의를 계속해왔다.

다시 한 번 말하지만, 지금의 헤드헌팅 업계는 룰의 정비보다 헤드헌터 양성과 교육, 직업 안정이 시급하다. 이러한 과제를 선결해야 업계가 발전하고, 헤드헌터들에 대한 인식이 더 좋아지고, 더 뛰어난 인재들이 헤드헌터로 활동할 수 있다. 이러한 필자의 생각과 비전에 새로 들어설 협회의 운영 목적과 취지가 부합한다면 필자는 협회를 돕기 위해 조건 없이 힘을 다할 생각이다.

필자는 지금 이 순간에도 꿈을 꾼다. 지금보다 더 나은 환경에서 양성된 후배 헤드헌터들과 바르고 건강하게 경쟁하는 그 날을. 그 날을 기다리며 모든 헤드헌터를 진심으로 응원한다.

'연날리기'를 생각하며

혹시 연을 날려본 적이 있나요? 저는 취업도, 이직도, 사람 사는 일도 '연날리기'와 비슷하다는 생각을 많이 합니다.

연을 날리려면 먼저 올바른 방법으로 만들어야 합니다. 날 수 있게 만들어진 연만이 창공을 비상할 가능성이 있으니까요. 그렇게 날 수 있는 연을 만들기 위해 필요한 것이 바로 '배움'입니다.

연은 모양이나 색깔이 저마다 다를 수 있지만, 날아오르려면 연이 갖춰야 할 요소들을 빠뜨려서는 안 됩니다. 그것이 바로 '기본기'이겠지요.

기본기 있는 연을 만들기 위해서는 올바른 방법을 배워야 하고, 직접 연을 만들 때에는 정성을 다해야 합니다. 그래서 '마음가짐'이 중요합니다.

또한 연을 매달아줄 실은 충분히 길고 튼튼해야 합니다. 실의 길이만큼 날 수 있는 것이고, 실이 튼튼하지 않아 끊어지기라도 하면 연은 이내 사라지고 말 테니까요. 이처럼 길고 튼튼한 실은 '끈기'와 '인내'에 비유할 수 있습니다.

여기서 끝이 아닙니다. 연은 저절로 날지 않습니다. 직접 들고 뛰지 않으면 절대 바람을 탈 수 없기 때문입니다. 걸어서도 안 됩니다. 무조건 냅다 뛰어야 바람을 타고 날아오르기 시작합니다. 한 번 뛰어서 되지 않으면 두 번, 세 번 계속해서 뛰고 또 뛰어야 합니다. 그러려면 '체력'과 '용기'가 필요합니다.

제가 취업을 연날리기에 비유하는 가장 큰 이유는 대부분의 경우 연은 한 번에 날지 않기 때문입니다. 제아무리 능숙한 사람이 재빠르게 뛰어 날리려고 해도 처음에는 빙글빙글 돌다가 땅으로 처박히는 경우가 많습니다. '시련'이나 '시행착오'를 겪게 됩니다.

이뿐만이 아닙니다. 정성을 다해 완벽한 연을 만들었다고 해도 들판에 바람이 불지 않으면 띄울 수가 없습니다. 이리저리 연을 들고 뛰어다녀도 그 연은 날지 못합니다. '기회' 혹은 '운'이라는 바람을 만나야 합니다.

바람이 불지 않을 때에는 다시 살피고 점검하는 시간을 가져야 합니다. 내 연이 잘 만들어졌는데도 바람이 없어 날지 못하는 것인지, 아니면 애초에 잘못 만들어진 것은 아닌지 확인해야 합니다. 내가 바람에 맞추어 잘 뛰었는지도 돌아볼 필요가 있을 것입니다. 가족이나 친구의 도움을 받을 수도 있겠지요. 그들이 다시 힘내라고 응원해줄 수도 있을 것입니다.

하지만 '멘토'도 필요합니다. 내가 만든 연이 잘 날아오를 만한 곳을 알려주는 멘토 말이지요. 저는 그런 역할을 하고 싶었습니다. 제가 이 책을 쓴 이유입니다.

이 책이 여러분의 취업과 이직, 그리고 삶에서 소망하는 '연'을 만들어 높이 날아오르게 하는 데 도움이 되었다는 이야기가 들려온다면 그보다 큰 기쁨이 없을 것입니다.

제가 이 책을 쓸 수 있게 도와주신 모든 분께 감사드립니다. 사랑하는 우리 가족과 회사 식구들에게도 특별한 감사의 마음을 전합니다. 앞으로도 더욱 배우고 실천하며 보답하는 삶을 살기 위해 노력하겠습니다.

끝까지 읽어주셔서 감사합니다.